Ils en parlent...

« Bottes, tenue de combat, casque militaire et le livre de Paulo Keomanyla : voilà les quatre essentiels pour toute nouvelle recrue des Forces armées canadiennes ! Paulo simplifie le monde mystérieux de la réussite financière en y ajoutant une bonne dose d'humour et un jargon militaire qui vous fera sourire. Ce livre permet de mieux comprendre de nombreux concepts financiers et vous donne des pistes à explorer avec des spécialistes, tels que des conseillers financiers ou en assurance de votre choix. Un incontournable pour tout militaire qui souhaite assurer son avenir et celui de ses proches. *BZ*, Paulo ! »

YVES, Gestionnaire supérieur, Financière SISIP, 37 ans dans la MRC

« *Fonder Sa Richesse en Uniforme* offre une approche pratique des finances personnelles, pensée pour le soldat, le marin, l'aviateur ou l'opérateur des Forces armées canadiennes. L'auteur mêle des anecdotes familières à des conseils concrets, rendant les concepts financiers accessibles et captivants. Que vous débutiez ou cherchiez à optimiser vos stratégies, ce livre vous guidera vers l'indépendance financière, même pendant votre service. »

ANTHONY JONES, MMM, CD, Adjudant-chef (Retraité)

« Wow, ce livre est destiné à devenir un guide essentiel et incontournable non seulement dans le monde des Forces armées canadiennes, mais aussi dans notre société. *Fonder Sa Richesse en Uniforme* devrait être recommandé dans toutes les unités pour sensibiliser et soutenir les militaires ainsi que leurs familles dans leur bien-être financier. J'aurais aimé lire ce livre il y a 25 ans, lorsque j'ai commencé en tant que recrue. Il n'est jamais trop tard pour commencer à épargner et à investir — c'est le livre qu'il vous faut. »

RAPHAËL DRAPEAU, Sergent (Retraité)

« J'ai dévoré ce livre en un week-end. Les expériences de Paulo, ses anecdotes sur la vie en uniforme et ses conseils pour bâtir sa richesse tout en servant m'ont totalement accroché. Dans *Fonder Sa Richesse en Uniforme*, il nous parle dans notre langue et montre à chacun, quel que soit son grade, comment faire travailler son argent. Avec des exemples concrets, il rend limpide la manière dont la "préparation opérationnelle" s'applique aussi à votre compte en banque. Alors, lacez vos bottes, bouclez votre sac, et suivez Paulo Keomanyla — il va vous montrer comment transformer votre paie en un véritable héritage ! »

JO PELLERIN, Épouse de militaire

« Tout au long de leur carrière, les militaires apprennent à résoudre des problèmes et à exécuter des missions, des plus simples aux plus complexes. Ces compétences suivent une logique qui garantit le succès sur le terrain. Pourtant, quand il s'agit de finances personnelles, ce bon sens peut s'envoler. Épargne compliquée, achats impulsifs. *Fonder Sa Richesse en Uniforme* est votre guide pour aborder vos finances comme une mission vers la liberté financière. Grâce à ce livre, nous disposons désormais des plans d'action pour explorer l'enrichissement et réussir notre mission personnelle. »

QUINN STEVENSON, CD, Adjudant (Retraité)

« On devrait remettre ce livre avec l'uniforme dès la formation de base ! Si je l'avais lu au début de ma carrière, ma situation financière serait bien différente aujourd'hui. Ce livre ne se contente pas d'enseigner la gestion de l'argent — il change notre façon de le voir. À mon avis, c'est une lecture essentielle pour tous les militaires, à chaque étape de leur carrière, avec des clés pour surmonter les défis financiers propres à notre environnement. »

JONATHAN W.

« En tant qu'épouse militaire, j'ai vu combien il est difficile de gérer ses finances tout en vivant la vie militaire. *Fonder Sa Richesse en Uniforme* a été une lecture rafraîchissante et valorisante. Paulo Keomanyla écrit avec cœur et comprend profondément notre communauté. Ce n'est pas juste un livre de finances, c'est un guide pratique et terre-à-terre, rempli de sagesse pour les familles militaires. Il m'a donné confiance pour parler d'argent, faire de meilleurs choix financiers et envisager l'avenir sereinement. J'aurais tant aimé avoir ce livre plus tôt ! »

TARA

« *Fonder Sa Richesse en Uniforme* nous rappelle qu'on peut — et doit — faire fructifier son argent. Paulo Keomanyla éclaire les freins que les militaires se créent souvent, et propose des solutions simples et concrètes. Les rapports de fin de chapitre résument l'essentiel et donnent un plan d'action clair. Cette lecture a changé ma façon d'épargner. Je le recommande à tous, de l'Aviateur au Colonel : chacun y trouvera la motivation et les outils pour bâtir un patrimoine, dès aujourd'hui. »

JENNIFER W.

« *Fonder Sa Richesse en Uniforme* est extrêmement bien écrit et parle parfaitement à notre communauté. Après avoir lu ce livre, je me sens bien mieux outillée pour saisir les opportunités d'investissement et prendre des décisions éclairées. Des termes comme actions ou obligations ne me font plus peur. J'aurais tant aimé que mon mari lise ce livre il y a 25 ans, à ses débuts. La connaissance, c'est une vraie force. »

NATASHA SMITH, Épouse de militaire

« J'ai adoré ce livre pour son côté terre-à-terre. Les références militaires le rendent accessible et vivant, et les tableaux et exemples concrets sur l'épargne et l'investissement sont vraiment bien pensés — contrairement à beaucoup d'autres ouvrages trop abstraits et peuvent être difficiles à comprendre. *Fonder Sa Richesse en Uniforme* de Paulo Keomanyla m'a inspirée par son authenticité et sa mission positive. Le monde a grand besoin de ce genre de message. »

SHINEA KELLY, Conjointe de militaire

« Enfin des leçons financières que je peux mettre en pratique immédiatement ! Après avoir lu *Fonder Sa Richesse en Uniforme*, je me sens motivé à apporter des changements qui m'assureront un avenir financier plus radieux. Cela dit, je ne suis pas encore prêt à renoncer à ma passion pour les chevaux ! Plus sérieusement, la section sur la retraite m'a fait réaliser que je devais mieux planifier. Merci de m'avoir ouvert les yeux. »

SANDA ALLEN, Enseignante et conjointe de militaire

« Ce livre est tout simplement remarquable ! En tant que professionnel du secteur financier, j'ai trouvé cet ouvrage extrêmement pratique et parfaitement adapté, tant aux personnes en service qu'à la nouvelle génération qui découvre l'univers de la finance. Une excellente manière de transmettre des connaissances précieuses, sans jamais compromettre ses principes. Je suis impatiente de découvrir la prochaine édition. »

NATHALIE THIP, Ancienne conseillère financière

FONDER
SA
RICHESSE
EN UNIFORME

LE GUIDE DU SOLDAT VERS LA RÉUSSITE FINANCIÈRE

GRAMMAR
FACTORY
— EST. 2013 —

FONDER SA RICHESSE EN UNIFORME

Paulo Keomanyla

Fonder sa Richesse en Uniforme

Publié par Grammar Factory Publishing, une marque de MacMillan Company Limited.

Grammar Factory Publishing
MacMillan Company Limited
25 Telegram Mews, 39th Floor, Suite 3906
Toronto, Ontario, Canada
M5V 3Z1

www.grammarfactory.com

Keomanyla, Paulo
Fonder sa Richesse en Uniforme : Le Guide Financier du Soldat / Paulo Keomanyla.

Broché ISBN 978-1-998528-93-6
eBook ISBN 978-1-998528-94-3

1. BUS027000 COMMERCE & ÉCONOMIE / Finances personnelles / Ouvrage général.
2. BUS050000 COMMERCE & ÉCONOMIE / Finances personnelles / Gestion de l'argent.
3. BUS012000 COMMERCE & ÉCONOMIE / Finances personnelles / Personnel militaire.

Crédits de production
Conception de la couverture par Designerbility
Mise en page intérieure et production du livre par Grammar Factory Publishing

Engagement de Grammar Factory en faveur d'une publication carboneutre
Grammar Factory Publishing est fière de neutraliser l'empreinte carbone de tous les exemplaires imprimés des livres de ses auteurs, imprimés par Grammar Factory ou commandés directement auprès de Grammar Factory ou de ses sociétés affiliées, grâce à l'achat de compensations carbone internationales certifiées Gold Standard.

Avertissement
Les informations présentées dans cette publication sont fournies à titre général et ne constituent en aucun cas un avis professionnel personnalisé, qu'il soit financier, juridique, fiscal ou autre. Elles ne doivent pas être utilisées comme fondement unique pour prendre ou s'abstenir de prendre une décision dans une situation particulière. Le lecteur est vivement encouragé à consulter un professionnel qualifié afin d'obtenir des conseils adaptés à sa situation personnelle avant d'entreprendre toute action. Dans toute la mesure permise par la loi, l'auteur et l'éditeur déclinent toute responsabilité quant aux pertes ou dommages, directs ou indirects, pouvant résulter de l'utilisation des informations contenues dans cet ouvrage ou de la confiance qui leur est accordée.

AVERTISSEMENT

CET OUVRAGE EST fourni uniquement à des fins d'information générale et de divertissement. Il ne constitue pas — et ne doit en aucun cas être interprété comme — un conseil en investissement, financier, juridique ou professionnel. Le contenu présente des notions financières générales destinées aux membres militaires ainsi qu'au grand public, sans offrir de recommandations personnalisées. Chaque lecteur demeure responsable de ses décisions financières et est invité à consulter des professionnels qualifiés pour obtenir des conseils adaptés à sa situation.

Ce travail s'appuie sur le parcours personnel de l'auteur — plus de vingt années de service militaire, d'épargne disciplinée, de planification stratégique, d'investissement et de recherche d'indépendance financière. Les stratégies et enseignements présentés reflètent ce qui a été efficace pour l'auteur, sans toutefois garantir des résultats similaires pour d'autres. Les anecdotes et études de cas proviennent de son expérience personnelle et ne représentent pas les points de vue, politiques ou positions officielles d'aucune institution militaire ou gouvernementale.

Le présent livre — y compris sa création, sa publication, sa promotion, ses produits associés, son site internet, ainsi que toute marque actuelle ou future — est une initiative entièrement indépendante et n'est en aucun cas affilié ni approuvé, explicitement ou implicitement, par les Forces armées canadiennes (FAC), le ministère de la Défense nationale, ni tout autre organisme militaire ou gouvernemental. Toute référence à des environnements ou expériences militaires est soit fictionnalisée, soit tirée du vécu de l'auteur, soit issue d'informations accessibles au public.

L'auteur a veillé, à sa connaissance, à se conformer aux politiques pertinentes, notamment celles liées à la sécurité, à la confidentialité et aux conflits d'intérêts. Tous les scénarios financiers, noms et situations sont fictifs et uniquement utilisés à des fins d'illustration. Lorsque des personnes réelles sont mentionnées, il s'agit exclusivement de civils ayant donné leur autorisation explicite pour l'utilisation de leurs noms ou de leur histoire.

Cet ouvrage constitue une ressource — un outil parmi d'autres — destiné à aider les lecteurs à renforcer leur préparation financière, approfondir leurs connaissances et aborder leur avenir financier avec confiance.

Il a bravé les cieux avec
une vaillance indomptable.
Sur terre, son héritage reste
gravé dans l'honneur,
le service et le dévouement.

À la mémoire de Dave Domagala,
un véritable héros de
l'Aviation Royale du Canada,
dont l'esprit plane à jamais
dans les vents éternels.

TABLE DES MATIÈRES

PRÉFACE
ÉNONCÉ DE MISSION

LORSQUE J'AI ENTREPRIS d'écrire ce livre, ma mission était simple : partager les leçons apprises sur le vif alors que je menais de front deux emplois, une carrière militaire et des études universitaires. Imaginez la scène : soldat à temps plein le jour ; la nuit, je fendais l'obscurité pour livrer des ailes de poulet à des inconnus affamés tout en révisant intensément pour mes examens. J'avais l'impression d'être pris dans un exercice sur le terrain sans fin, où le seul compte-rendu était mon compte bancaire affichant une alerte rouge. Pourtant, cette période chaotique de ma vie m'a enseigné bien plus sur la gestion de l'argent et la responsabilité économique qu'aucun manuel n'aurait pu le faire. Mon parcours est celui d'une ascension : de débuts modestes à l'édification d'un véritable levier financier à six chiffres en relativement peu de temps, avec l'ambition ferme d'atteindre les sept chiffres avant de raccrocher l'uniforme. À l'époque, jeune membre des FAC, je rêvais de réussite financière. Aujourd'hui, mon objectif est simple : vous aider à réaliser ce même rêve, si la prospérité financière fait partie de vos ambitions. Ce livre puise sa force dans un vécu authentique, impossible à simuler. Il ne s'agit pas de théorie, mais d'expériences réelles, conçues pour provoquer des conversations concrètes sur l'argent, utiles au quotidien.

Mon ambition en l'écrivant ? Faire de vous les véritables commandants de votre avenir financier — des figures de réussite qui assument pleinement les rênes de leur destinée. Avec de la détermination et une concentration de précision, vous pouvez provoquer un changement profond, pour vous et pour ceux qui vous entourent. Voyez ça comme diriger une section : au lieu de traverser un champ de mines, vous cartographiez sereinement le territoire de vos finances. (Soyons clairs : dans les deux cas, il faut un plan solide et un don pour éviter les explosions.)

Je dois vous l'avouer : je n'ai pas toujours été un génie des finances. Plus jeune, je dépensais mon argent comme si je participais à une émission intitulée *Qui Peut Vider Son Compte Bancaire Le Plus Vite* ? J'achetais des choses inutiles, je négligeais l'essentiel, et je n'avais pas la moindre idée de ce qu'était un investissement. Mon éducation financière tenait en un seul conseil : « ne dépense pas tout d'un seul coup ». Aussi utile qu'une porte moustiquaire sur un sous-marin. L'école m'avait enseigné l'algèbre et l'anatomie de la grenouille, mais jamais l'art de bâtir un budget, d'épargner ou de faire fructifier son argent. Et je gagerais que je ne suis pas le seul à avoir eu l'impression d'être largué en pleine zone économique inconnue, sans carte et avec une boussole cassée. J'y suis passé, moi aussi. En début de carrière, je croyais que gérer son argent se résumait à régler ses factures à temps et à épargner les miettes du mois. C'est un revers financier — une dépense inattendue qui a anéanti mes économies — qui a tout changé. Ce fut le déclic du siècle. J'ai alors engagé les opérations : formation, conseils, prise de contrôle totale de mes finances. La bonne nouvelle ? Vous n'aurez pas à conquérir ce territoire par vous-même. Tout comme nous comptons sur notre entraînement et notre cohésion pour accomplir une mission, nous pouvons déployer ces mêmes principes sur le front financier.

Tout commence par un constat, une décision, et la discipline d'appliquer de petites actions, encore et encore pour s'améliorer. Mon approche ne s'encombre ni de théories compliquées, ni de graphiques opaques tout droit sortis d'un manuel de mathématiques. Mon objectif est bien plus concret : vous fournir des stratégies claires, pratiques et applicables pour reprendre le contrôle de vos finances. Voyez ça comme une liste de mission critique : des étapes claires, structurées, mais suffisamment flexibles pour s'adapter à votre rythme. Pas de jargon, pas d'acronymes indéchiffrables — nous sommes loin des manuels militaires. Juste des principes directs, conçus pour vous aider à prendre de l'élan. Et surtout, n'oubliez pas ceci : comparer votre situation financière à celle des autres, c'est comme vouloir rivaliser en pompes avec un entraineur du Programmes de Soutien du Personnel (PSP) qui fait du *Cross-Fit* six fois par semaine. C'est contre-productif, et ça ne mène nulle part.

Alors, pourquoi avoir écrit ce livre ? Tout est parti d'une question simple : *« Quel message de sagesse financière un soldat comme moi peut-il transmettre à ceux qui en ont besoin ? »* Cette interrogation a été le catalyseur de cet ouvrage. La réponse se concentre en une formule simple, mais puissante — des manœuvres pratiques. Les voici, sans détour : serrez les boulons sur les dépenses, épargnez comme si votre liberté future en dépendait (ce qui est le cas), et misez sur l'investissement dès votre première paie. Croyez-y, le-vous du futur vous en sera reconnaissant.

Dans ce livre, je réponds aux questions cruciales qui empêchent tant de personnes de fonder leur avenir financier comme : Quel montant réel est nécessaire pour commencer à investir ? Comment l'épargne-retraite peut devenir votre allié le plus précieux pour simplifier votre avenir ? Enfin, apprenez à maîtriser l'art de vivre frugalement, mais sans frustration.

Il s'agit de troquer les dépenses discrétionnaires (comme les cafés à huit dollars) contre des habitudes simples et gratifiantes. Ce sont ces petits choix qui font réellement la différence.

Ce livre fusionne l'autorité du terrain et la stratégie financière, transformant mes échecs et victoires en protocoles concrets pour vous aider à maîtriser votre indépendance économique. Plus qu'un simple guide, c'est un véritable ordre de mission.

Ces principes vous offriront les moyens concrets d'asseoir votre stabilité, de créer une richesse à toute épreuve et de garantir une sérénité durable à ceux qui dépendent de vous. Que vous soyez recrue ou vétéran en gestion d'enrichissement personnel, ce manuel deviendra votre équipier de confiance pour mener à bien l'opération la plus enrichissante — la conquête de votre avenir financier.

Alors, bouclez votre sac à dos, soldat. Nous avons de la route devant nous !

INTRODUCTION

AVEC PLUS DE vingt ans d'expérience militaire, j'ai appris une vérité essentielle : le succès, qu'il s'agisse de mener une mission ou de gérer ses finances, exige une discipline de fer, une stratégie éprouvée et une capacité d'adaptation inébranlable. Au cours de ma carrière, j'ai été déployé sur des opérations qui exigeaient une planification méticuleuse, une résilience face à l'imprévu et une aptitude à nous réinventer lorsque la situation basculait. Ces mêmes principes forgés sous pression, constituent les fondations immuables pour créer sa propre richesse. Chaque parcours financier est unique, mais les leçons acquises sur le terrain peuvent vous guider pas à pas vers la réussite financière.

Issu d'une famille d'immigrants, j'ai très tôt compris que la richesse ne se mesure pas qu'en chiffres : elle se construit par la résilience, le sacrifice et la chasse obstinée aux opportunités. Mes parents sont arrivés dans ce pays avec pour seul capital l'espoir et une détermination sans faille. Ils ont enchaîné les journées interminables dans des emplois mal rémunérés, sans jamais renoncer. Leurs sacrifices ont tracé la voie et m'ont enseigné l'essentiel : bâtir à partir de rien exige plus que de l'argent — c'est un état d'esprit. Leurs sacrifices ont jeté les bases de ma propre compréhension de ce que signifie bâtir quelque chose à partir de rien.

Pour les familles de première génération comme la mienne, l'ascension vers la stabilité financière s'apparente aux parcours semés d'embûches. Pas de richesse héritée pour nous rattraper, aucuns réseaux sociaux pour nous épauler, aucun filet pour amortir les chocs des incertitudes de la vie. Chaque dollar gagné l'était à la sueur de son front, et chaque pas en avant ressemblait à l'ascension d'une montagne. Mes parents m'ont transmis l'essentiel : la frugalité et la débrouillardise comme seules armes. Pas d'équipements dernier cri, ni de luxe, mais la fierté du suffisant — qui était déjà une victoire en soi. Ces leçons de vie et de service qui m'accompagnent toujours à chaque mission.

Dans l'armée, j'ai retrouvé ces mêmes réalités chez mes frères et sœurs d'armes. Beaucoup d'entre nous viennent de milieux où l'éducation financière était absente, et l'idée d'accumuler une richesse semblait souvent lointaine, voire inaccessible. Pourtant, nous partageons cette compréhension innée du travail acharné et de la persévérance. Si l'uniforme offre une stabilité de base, c'est à nous de transformer ce socle en héritage financier fortifier. Qu'il s'agisse d'investir dans sa formation, partir une entreprise ou de maîtriser son budget pour sécuriser votre avenir financier, les opportunités existent. À nous de les saisir.

Mon expérience dans l'armée m'a révélé que la richesse dépasse l'argent. Elle consiste à créer des opportunités pour soi et pour les autres. En tant que soldats, notre devoir de solidarité ne s'arrête pas au champ de batailles. En partageant savoir, ressources et soutien, nous pouvons briser ensemble les chaînes de la précarité. C'est ainsi que nous bâtirons un héritage de prospérité durable, qui servira bien au-delà de notre propre parcours.

La mienne m'a révélé que la richesse n'est pas une ligne d'arrivée, mais un sentier à tracer — une marche stratégique où chaque pas compte. Un chemin fait de choix délibérés, de leçons tirées des échecs, et d'une fidélité obstinée à l'objectif. Pour ceux qui, comme moi, sont partis de peu, chaque pas en avant témoigne d'une résilience forgée dans l'adversité. En poursuivant notre service, nous détenons un privilège rare : celui de forger notre propre ascension tout en léguant aux générations futures des fondations mieux gardés que celles que nous avons nous-mêmes héritées.

Enfin, ce livre, c'est ma façon de redonner à la communauté militaire ce qu'elle m'a si généreusement offert. Il se veut une boîte à outils pratique, pour vous aider à naviguer les réalités financières de la vie en uniforme. Malgré les déménagements fréquents et les déploiements, il est tout à fait possible de bâtir un avenir financier résiliente pour vous et votre famille. Chaque chapitre de ce livre renforce vos compétences en finances personnelles, en passant par l'art de mesurer vos progrès. Ensemble, transformons les leçons du service en un plan concret pour votre réussite financière.

CHAPITRE 1 : PRÊT POUR LA MISSION

Pour bâtir une richesse durable, il faut commencer par des fondations rigoureuses. Ce chapitre vous présente les principes essentiels de la littératie financière, vous guide dans la définition d'objectifs clairs et alignés sur vos ambitions. Il vous aide aussi à cultiver l'état d'esprit nécessaire pour réussir sur le long terme.

CHAPITRE 2: PLANIFICATION STRATÉGIQUE

Un avenir financier prospère commence par un plan stratégique. Ce chapitre explore des stratégies éprouvées pour accroître sa richesse, vous armant pour élaborer le plan d'opérations de votre épargne, de vos investissements et de la croissance de vos actifs. Grâce à une feuille de route claire (la Roue de la Richesse), vous apprendrez à faire travailler votre argent avec efficacité.

CHAPITRE 3 : RECONNAISSANCE

Comprendre votre tolérance au risque exige d'abord de cartographier votre paysage financier actuel. Ce chapitre passe en revue les différentes options de placement et vous apprend à les évaluer. Vous acquerrez les connaissances nécessaires pour allouer votre capital de manière éclairée, que ce soit en actions, en obligations, dans l'immobilier ou vers d'autres horizons.

CHAPITRE 4 : EXÉCUTION TACTIQUE

C'est en mettant votre stratégie en pratique que votre fortune prendra vie. Ce chapitre vous guide dans l'allocation d'actifs pour une diversification efficace. Il explique comment choisir les bons comptes de placement, et vous indique comment franchir les premières étapes, définir un calendrier et ajuster votre plan pour rester sur la bonne voie.

CHAPITRE 5 : PROCÉDURES DE COMBAT

La résilience financière est essentielle pour préserver votre richesse sur le long terme. Ce chapitre vous propose des stratégies concrètes pour surmonter les obstacles personnels et financiers. Il vous aide à faire face aux imprévus et colmater les fuites d'argent. Tout en protégeant votre capital, vous apprendrez à identifier et éviter les pièges courants pour maintenir une progression constante.

CHAPITRE 6 : RAVITAILLEMENT

Des ressources limitées exigent une gestion avisée des finances. Ce chapitre vous guide dans la construction d'un bon système de soutien durant votre service, pour assurer une transition harmonieuse vers la vie civile. Il explore également les défis financiers liés à cette nouvelle étape et vous explique comment vous y préparer dès aujourd'hui.

CHAPITRE 7 : COMMANDEMENT ET ALLIANCES

Aucun plan financier durable ne se construit sans une équipe fiable. Ce chapitre vous apprend à former votre état-major financier, à choisir les bons alliés et à maintenir une communication transparente pour que tous avancent ensemble vers vos objectifs.

CHAPITRE 8 : MISSION ACCOMPLIE

La réussite financière couronne un plan bien exécuté. Ce dernier chapitre vous aide à évaluer vos progrès, à définir votre vision du succès et à célébrer chaque victoire. Il explore aussi l'importance de redonner à votre communauté et de bâtir un héritage financier destiné à traverser les générations.

Devenir financièrement compétent, c'est affirmer son refus de dépendre du hasard et des circonstances. L'indépendance financière ne relève pas de la chance, mais bien d'une maîtrise que l'on acquiert. En apprenant, en planifiant et en passant à l'action, vous reprenez pleinement le contrôle de votre avenir.

CHAPITRE I

PRÊT POUR LA MISSION
COMPRENDRE LES FONDAMENTAUX FINANCIERS

GARDE À VOUS ! Maîtriser les bases financières est aussi essentiel pour votre réussite personnelle que l'entraînement tactique l'est pour la préparation opérationnelle. Pour le personnel militaire, assimiler les fondamentaux — établir un budget, épargner, investir et, surtout, acquérir une culture financière — constitue le point de départ d'actions stratégiques qui influencent autant votre carrière que votre vie personnelle. Tout comme vous comptez sur la discipline et la concentration pour accomplir vos missions sur le terrain, ces mêmes vertus sont l'équipement de base pour construire un avenir financier sécurisé. Dans ce premier chapitre, nous allons manœuvrer ce territoire en trois phases :

1. Le Terrain : Maîtriser les Bases Financières
2. Le Plan de Mission : Définir des Objectifs Clairs
3. Concentration et Discipline : L'État d'Esprit Adéquat

Pour débuter votre mission, ce chapitre vous offre les outils et la vision pour prendre le contrôle de vos finances, fixer des objectifs clairs et construire un avenir financier avec l'état d'esprit d'un guerrier. Tout comme votre entraînement vous prépare au terrain, ces pages vous rendront opérationnel sur le front financier — prêt à atteindre vos buts avec la même concentration et la même détermination que vous apportez à votre service. *À vos marques !*

Pour beaucoup d'entre nous, gérer son argent ne semble pas une priorité jusqu'au jour où les ennuis financiers nous rattrapent. C'est souvent en parlant avec nos pairs qu'on réalise à quel point les connaissances de base en finances personnelles font défaut. Pour la majorité des gens, comprendre et gérer son argent n'est pas une préoccupation immédiate — cela n'apparaît même pas à l'horizon de leurs préoccupations. Si une poignée d'individus s'adonne activement à des stratégies d'enrichissement, pour la grande majorité, la planification financière reste un mystère — un territoire inexploré.

Ce qui est encore plus frappant, c'est que nombre d'entre vous, guerriers des FAC, après des années de service, n'avez peut-être pas grand-chose à montrer en matière d'épargne. Frustrant n'est-ce pas ? Les membres des FAC perçoivent souvent des salaires compétitifs par rapport à d'autres emplois du secteur public, et pourtant, beaucoup peinent encore à mettre de l'argent de côté à la fin du mois. Comment en sommes-nous arrivés là ? Pourquoi ne sommes-nous pas plus habiles dans la gestion de nos finances ?

Bon, soyons honnêtes : nous, les soldats, nous excellons dans plusieurs domaines. Nous sommes capables d'organiser un exercice en terrain isolé à -40 °C avec pour seuls outils une carte, une boussole et un repas individuel dont la date de péremption est suspecte. Nous pouvons construire un pont avec des bouts de bois et un peu d'espoir, ou coordonner une opération multinationale avec des alliés qui, bien que parlant des langues différentes, s'accordent néanmoins à reconnaître que Tim Hortons est le véritable joueur sur la glace. Pourtant, dès qu'il s'agit de gérer notre argent, nous trouvons logique d'acheter une fourgonnette à 89,000 $ avec un prêt sur douze ans, sous prétexte qu'il « a un système de son impressionnant ». Comment expliquer cette situation ? Examinons les raisons.

En place, repos ! Premièrement, l'armée excelle en logistique. Nous pouvons déployer un bataillon entier à travers le pays, avec ses véhicules blindés, ses tentes et assez de café pour alimenter une petite nation. Mais quand il s'agit de transférer notre salaire vers un compte d'épargne ? Soudain, c'est comme si nous tentions de résoudre un cube de Rubik les yeux bandés. Nous planifions un déploiement jusqu'à la dernière balle, mais établir un budget pour l'épicerie ? Ça nous dépasse.

Deuxièmement, nous excellons dans l'exécution des ordres. Demandez à un soldat de creuser une tranchée, et il vous creusera la tranchée la plus parfaite qui soit. Mais ordonnez au même soldat de « cesser d'acheter des boissons énergisantes au CANEX » et soudain, c'est la mutinerie. Nous suivons un manuel opérationnel de 300 pages à la lettre, mais face à un simple tableau budgétaire, c'est la ligne rouge. Et n'oublions pas notre passion pour le matériel dernier cri. L'armée dépense des milliards en équipements — et c'est nécessaire, car nous devons être prêts à tout. Mais cette même mentalité s'invite dans nos finances personnelles : « Ai-je vraiment besoin de cette montre tactique à 389 $ qui résisterait à une explosion nucléaire ? » Probablement pas. « Mais si un jour je me trouvais dans une explosion nucléaire ? » Mieux vaut prévenir que guérir, n'est-ce pas ?

Alors, pourquoi ne sommes-nous pas plus doués pour gérer notre argent ? Peut-être parce que nous sommes trop occupés à exceller dans tout le reste. Ou peut-être parce qu'on nous a conditionnés à croire que la préparation opérationnelle s'applique à tout sauf à nos comptes en banque. Quelle qu'en soit la raison, il est temps d'injecter un peu de cette précision militaire dans nos finances. Après tout, si nous pouvons survivre une semaine sur le terrain avec seulement un sac de couchage, des lingettes et un peu d'espoir, nous pouvons bien apprendre à épargner pour notre retraite. Ou du moins, renoncer à quelques boissons énergisantes.

Soyons francs : bien des membres des FAC auraient pu éviter de véritables naufrages financiers s'ils avaient été un peu plus attentifs à leurs habitudes de dépenses en début de carrière. À 21 ans, que ce soit en touchant 82,000 $ comme jeune caporal ou plus de 100,000 $ comme officier fraîchement diplômé, on se sent déjà sorti du lot. Mais sans éducation financière, c'est comme confier les clés d'un G-Wagon à un soldat en lui disant : « Bonne chance, n'aboutit pas dans la faussée. » Pas surprenant : il y a un accident. Pourtant, avec un petit coup de pouce ou quelques conseils avisés, beaucoup d'entre nous auraient pu éviter ces pièges financiers. Quelques bonnes habitudes prises tôt auraient fait toute la différence.

Mais non : nous voilà en train d'acheter des camionnettes flambant neufs comme si nous auditionnions pour une pub de camion. À moins d'être déménageur ou ouvrier en construction, avez-vous vraiment besoin d'une fourgonnette F-150 pour vos trajets quotidiens ? Avez-vous seulement pensé au coût de l'essence ? Et ne parlons même pas des autres « essentiels » dont nous nous persuadons avoir besoin : un arsenal personnel, une embarcation maritime, deux motoneiges, les dernières Jordan, une Ducati et une Harley Davidson (parce que pourquoi n'en choisir qu'une ?), ou même un animal de compagnie pour combler un vide affectif. Conseil d'initié : les animaux sont adorables, mais ce sont aussi des puits financiers — demandez à ceux qui ont déjà payé les urgences vétérinaires.

Il est fou qu'à notre époque hyperconnectée, où l'on peut apprendre sur YouTube à réparer un carburateur ou à faire son levain, tant d'entre nous peinent encore à mettre ne serait-ce qu'un dollar de côté. Mais si vous lisez ces lignes, vous avez déjà franchi la première étape pour vous prendre en main. Que vous soyez ici pour consolider votre situation ou simplement par curiosité, considérez ce livre comme votre ordre de mission. Si fonder une richesse est votre objectif, vous êtes au bon endroit. Engageons-nous envers des stratégies financières disciplinées, privilégions la stabilité à long terme plutôt que les gains immédiats, et marchons ensemble vers la victoire financière. Si ces mots résonnent en vous, considérez ce livre comme le début de votre carrière financière.

Maintenant, au travail. Nous avons une mission à accomplir !

Que vous jongliez avec un budget sur une base éloignée ou que vous dessiniez les plans de votre avenir après le service, comprendre l'argent reste votre plus grand atout. C'est ce qui vous permet de prendre des décisions qui ont du sens pour votre vie et vos ambitions. Maintenant, la grande question : comment construit-on réellement sa richesse ?

1 **L'héritage** — quelques privilégiés héritent de richesses familiales, mais pour la majorité d'entre nous, cette option n'est pas réaliste. Tout le monde ne part pas avec les mêmes atouts, et c'est tout à fait normal.

2 **Les méthodes illégales** — certes, certains croient pouvoir contourner les règles. Soyons clairs : cette voie est contraire à l'éthique et mène à de graves conséquences. À éviter pour quiconque valorise son intégrité et sa stabilité.

3 **Le travail acharné** — travailler dur est nécessaire, mais cela ne garantit pas la réussite financière. C'est une pièce du casse-tête, mais pas la solution complète.

4 **Gagner à la loterie** — c'est possible ! Les chances de gagner sont infimes par contre. La foudre vous trouvera plus vite que le gros lot. Compter sur la chance n'est pas une stratégie — c'est un pari.

D'après mon expérience, la feuille de route pour bâtir une richesse se résume à ceci : *ÉPARGNER*, *INVESTIR* et *RÉPÉTER*. Un cycle simple en apparence, mais d'une puissance redoutable lorsqu'on s'y tient.

Soyons clairs : chaque membre des FAC peut accéder à l'indépendance financière. Le régime de pension des FAC, c'est le porte-avions des régimes de retraite : fiable, conçu pour durer, et sur lequel vous pouvez compter quand la mission s'achève. Après vingt-cinq ans de service, vous percevrez 50 % de la moyenne de vos cinq meilleures années de salaire, à vie. Ce n'est pas juste une pension — c'est un appui-feu financier colossal. Allez ! Faites le calcul. Avec une bonne santé et un peu de chance, les versements de votre pension peuvent facilement représenter près d'un million de dollars, voire davantage, au cours de votre retraite. Dès le premier salut, vous détenez le potentiel de devenir millionnaire. C'est une arme financière secrète dans votre sac, qui n'attend que d'être déployée. Pour autant, si le régime de pension constitue une bonne base, il ne suffit pas à remporter la campagne. C'est votre camp de base — vital, mais pas une fin en soi. La vraie mission consiste à vous appuyer sur cette fondation : investir judicieusement et faire travailler votre argent aussi fort que vous. Parce que, soyons francs, si vous êtes capable de supporter une séance de conditionnement physique à 6 h un matin de février, vous avez le mental nécessaire pour maîtriser un budget et respecter un plan d'investissement. Chaque membre des FAC a le potentiel de faire plus que simplement joindre les deux bouts — vous pouvez prospérer. Les outils existent, la stratégie est claire.

La question reste : êtes-vous prêt à exécuter la mission ?

La façon dont vous gérez vos finances pendant votre carrière influence énormément votre qualité de vie aujourd'hui, mais aussi votre retraite de demain. Le plus important, c'est de commencer, tout simplement. Plus vous partez tôt, plus l'effet sera grand. Nous verrons tout ça en détail dans le chapitre sur la planification de la retraite, mais pour l'instant, retenez ceci : chaque grande mission commence par un premier pas.

Pendant des années, je me suis posé cette question : « Comment accroître ma richesse avec le salaire des FAC ? » Pendant un temps, j'ai vécu au rythme de mes paies sans vraiment y réfléchir. Mais en prenant de l'âge, mes inquiétudes concernant ma sécurité financière future ont grandi. J'ai commencé à me projeter, à penser à ma retraite et au style de vie que je souhaitais — et j'ai vite compris qu'il était temps d'agir. J'ai alors passé mes finances au crible, confrontant mes comptes à mes ambitions. C'est là que j'ai mesuré l'urgence du changement. J'étais à la moitié de ma carrière et je me suis rendu à l'évidence : j'étais loin, très loin des objectifs que je m'étais fixés.

Devenir riche ou millionnaire n'est pas une simple formalité. Cela exige une persévérance à toute épreuve, une patience tactique et la discipline nécessaire pour surmonter chaque obstacle. La vraie richesse ne se reçoit pas, elle se conquiert. En adoptant une approche méthodique et des habitudes financières rigoureuses, vous transformerez votre indépendance financière d'un rêve lointain en un objectif à votre portée. Vous pourrez alors bâtir une richesse capable de vous assurer un avenir serein et bien au-delà du présent.

LE TERRAIN : MAÎTRISER LES BASES FINANCIÈRES

Bâtir sa richesse, ça va bien au-delà d'une simple paie ou d'une future pension. Ça demande une volonté active, une démarche structurée et une exécution rigoureuse. Pour y arriver, il faut apprendre à naviguer soi-même dans le monde des finances. De la même façon que la maîtrise des compétences de canonnier, de technicien météo ou de pilote conditionne la préparation au combat, la culture financière est indispensable pour reprendre le contrôle de vos finances personnelles. Elle fournit les outils nécessaires pour analyser, décider et agir avec discernement. Sans elle, vous avancez à l'aveuglette — comme un soldat envoyé en mission sans carte ni arme.

Qu'est-ce Que la Littératie Financière ?

Il s'agit de comprendre comment l'argent fonctionne pour prendre le contrôle de vos finances avec précision. C'est l'art délicat de faire un budget sans grincer des dents, de faire grandir votre épargne, de l'investissement et de la planification à long terme. Pour beaucoup de militaires, la littératie financière, c'est comme le percuteur qui manque dans un fusil. Sans lui, l'arme est inopérante. Vous pouvez être un fantassin d'élite, mais si cette pièce maîtresse pour gérer votre argent vous fait défaut, vous vous exposez à un stress et à des difficultés qui auraient pu être évités.

Pour vous donner une image : dans l'armée, nous n'enverrions jamais un soldat en mission sans un entraînement adapté. De la même façon, affronter ses finances sans formation, c'est partir en opération sans préparation. Pourtant, quand il s'agit d'argent, beaucoup d'entre nous sont lâchés dans le monde avec peu de repères. On est censés apprendre sur le tas, ce qui finit trop souvent par causer des erreurs qui coûtent cher. La vie militaire est tout sauf un emploi de bureau prévisible. Entre les affectations qui changent, les déploiements et les imprévus qui tombent comme des obus, organiser ses finances peut ressembler à tenter de remonter son arme en pleine nuit, sans le manuel. La frustration, si on la laisse monter, mène droit dans le mur. C'est pourquoi la maîtrise financière n'est pas un simple atout : c'est un équipement de protection individuelle essentiel pour chaque membre des FAC.

Prenez les mutations, par exemple. Déménager vers une nouvelle Base des Forces Canadiennes (BFC) sans préparation financière, c'est comme se lancer en territoire inconnu sans renseignements ni soutien. Les coûts du déménagement, de l'installation et les imprévus — comme une voiture qui lâche ou une facture médicale surprise — deviennent alors des obstacles majeurs. Mais si la littératie financière fait déjà partie de votre équipement, alors vous êtes prêt à affronter les prochaines vagues, même celles qui arrivent sans prévenir.

Comment Développer ses Compétences Financières

Devenir compétent en finances, c'est à la portée de tous. Pas besoin d'avoir un diplôme en finance ou de passer des heures sur des théories compliquées. L'idée, c'est d'apprendre les bases et de les mettre en pratique de façon constante. Voici quelques étapes simples pour bien démarrer :

1 **Informez-vous** — lisez des livres, suivez des cours en ligne ou participez à des ateliers sur la finance personnelle. Chaque petit geste compte.

2 **Posez des questions** — n'ayez pas peur de demander conseil autour de vous : à des collègues plus expérimentés, à des conseillers ou à des mentors. *Aucune question n'est bête !*

3 **Passez à la pratique** — mettez en application ce que vous apprenez en créant votre budget, en suivant vos dépenses et en vous fixant des objectifs financiers clairs. Comme le proverbe le dit : *« C'est en forgeant qu'on devient forgeron ».*

De nombreuses plateformes proposent des formations financières gratuites, y compris des ressources conçues spécifiquement pour notre communauté. Prenons l'exemple d'INTUIT, la société éditrice du célèbre TurboTax, mais n'oublions pas non plus le Programme d'aide à la Sécurité Financière de la SISIP. Ces deux sources offrent des cours et pleins d'information accessibles pour vous aider à approfondir votre connaissance du crédit, à maîtriser les principes financiers de base et à acquérir les compétences nécessaires pour prendre des décisions éclairées en toute confiance. C'est l'équivalent d'un entraineur financier personnel, adapté à la réalité du milieu militaire.

C'est aussi simple — et puissant — que ça. En faisant de la connaissance financière votre équipement de base, vous accomplissez le premier pas vers l'édification d'une richesse personnelle et votre future autonomie financière. Pour reprendre la célèbre maxime de Socrate : « *Il n'y a qu'un seul bien, la connaissance, et qu'un seul mal, l'ignorance.* » Dans le contexte qui nous occupe, l'ignorance représente une brèche dans votre défense, tandis que la connaissance constitue votre avantage — celle qui vous guidera, jour après jour, vers des décisions intelligentes envers votre argent.

Évaluez Votre Propre Terrain

Alors que vous vous lancez dans cette mission, je vous mets au défi de réfléchir aux mêmes questions que je me suis posées autrefois. Des questions qui ont complètement redéfini mon parcours financier :

- À quel point êtes-vous à l'aise avec vos finances ?
- Faites-vous face à des difficultés monétaires en ce moment ?
- Connaissez-vous votre valeur nette actuelle ?
- Êtes-vous satisfait de votre situation financière actuelle ?
- L'argent est-il une source de stress importante ?
- Comment gérez-vous le stress lié à l'argent ?
- Avez-vous envie d'améliorer votre mode de vie ?

Vos réponses seront le pilier sur lequel reposera votre plan financier. Pour compléter cette évaluation, assurez-vous aussi de vérifier ces pratiques essentielles :

- Tenez-vous un budget pour savoir où va votre argent ?
- Avez-vous un fonds d'urgence pour les imprévus ?
- Disposez-vous du bon soutien financier autour de vous ?

Préparation Financière

Quand j'ai reçu ma première affectation, au début de ma carrière, j'étais complètement pris au dépourvu côté finances. Je n'avais rien prévu pour le déménagement : dépôts de garantie, matériel de déménagement, hébergement temporaire. Pour ne rien arranger, je ne pouvais compter sur personne pour me donner un coup de main ou des conseils. Je me suis ainsi retrouvé à devoir absorber des coûts inattendus, à puiser dans des économies inexistantes et même à dépendre de mes cartes de crédit pour tenir le coup. Cette expérience, aussi stressante qu'humiliante, m'a laissé un profond sentiment d'impuissance et de frustration. Ce déménagement m'a enseigné une leçon capitale : la préparation financière est non-négociable. J'ai compris que je devais absolument reprendre le contrôle de mes finances, acquérir les connaissances nécessaires et anticiper l'imprévisible. J'ai donc commencé par établir un budget rigoureux, constituer un fonds d'urgence et me familiariser avec les ressources disponibles pour les militaires en situation de mutation. Peu à peu, j'ai développé une véritable confiance dans la gestion de mon argent et je me suis promis de ne plus jamais me laisser prendre au dépourvu.

Une fois que vous reprenez le commandement de vos finances, vous créez un espace de manœuvre. Cet espace, c'est votre capacité à épargner et à faire croître votre capital. Ce changement opérationnel ne fait pas que désamorcer le stress financier : il ouvre un nouveau théâtre d'opérations. Investir, poser un périmètre de sécurité autour de votre famille avec une propriété, sécuriser votre retraite — soudain, ces objectifs passent du statut de « souhait lointain » à « mission réalisable ». On ne construit pas une position fortifiée en un jour. La richesse, c'est pareil. Il se bâtit par une succession d'ordres clairs à vous-même, exécutés avec cohérence, une étape à la fois.

Ici, la littératie financière est votre allié tactique numéro un. C'est ce qui vous permet de bâtir votre propre richesse et de le défendre contre l'inflation, les revers de la vie et les mauvais choix. Si certains secteurs du front financier vous semblent inconnus ou minés — que ce soit les investissements, la fiscalité ou le plan de retraite — demander du renfort n'est pas un signe de faiblesse, c'est une preuve de bon sens opérationnel. Faites appel aux experts en la matière — les conseillers financiers. Leur rôle ? Celui de votre équipe de reconnaissance avancée. Ils font du recueil d'informations critiques, identifient les risques avant que vous ne marchiez dessus, et élaborent un plan adapté à votre mission spécifique. Leur objectif ? Transformer le brouillard de guerre financier en une carte claire, et vous éviter les angles morts coûteux.

Alors, armez-vous d'abord en connaissances. Avec les bons renseignements et le bon appui feu, vous serez en position de passer à l'offensive. Vous pourrez manœuvrer sur le terrain financier avec la même assurance, la même rigueur et la même confiance que celle que vous avez déjà quand vos bottes touchent le sol. *Prêt à avancer* ?

LE PLAN DE MISSION : DÉFINIR DES OBJECTIFS CLAIRS

C'est votre « pourquoi » profond, celui qui donne du sens à chaque dollar épargné, investi ou dépensé. Cette vision sert de boussole pour toutes vos décisions d'argent, que ce soit acheter une maison, protéger votre famille ou préparer votre retraite. À l'image d'une mission, votre plan financier doit être parfaitement aligné sur vos valeurs et vos objectifs, que vous visiez le court ou le long terme. Pour définir cette mission, commencez par vous poser les questions essentielles :

- Quelles sont mes priorités absolues dans la vie ?
- Que veux-je accomplir avec mon argent ?
- À quoi ressemble mon avenir financier idéal ?
- Comment puis-je concilier efficacement mes engagements militaires avec mes aspirations personnelles ?

Définir Votre Mission Financière

Votre mission financière pourrait s'articuler ainsi : bâtir un avenir financier pour ma famille, sans sacrifier l'équilibre que mérite mon service. Si vous êtes un operateur solo, elle pourrait plutôt se formuler comme suit : atteindre l'indépendance financière à 45 ans pour prendre ma retraite en toute sérénité, voyager à ma guise et me consacrer pleinement à mes passions, libre de toute contrainte financière.

Redressez-vous ! Votre mission n'a pas besoin d'être complexe, mais elle se doit d'être claire, personnelle et porteuse de sens pour vous.

Saisissez votre carte, ajustez vos coordonnées et enfilez votre équipement : votre planification financière commence dès maintenant !

Fixer des Objectifs Financiers à la Manière Opérationnelle

Une fois votre mission définie, il est temps de la décomposer en objectifs « STYLE OPÉRATIONNEL » — en d'autres termes, la traduire en ordres exécutables. J'appelle ce cadre l'OPERA : Organisé, Pratique, Efficace, axé sur les Résultats et Assumé. Voici comment déployer le cadre OPERA sur votre terrain financier :

Prenons un exemple : vous êtes Caporal et vous gagnez 82,000 $ par an. Votre objectif principal est d'acheter une maison. Votre plan OPERA pourrait se présenter ainsi : Économiser 25,000 $ pour une mise de fonds dans les deux prochaines années. Décortiquons maintenant cet objectif selon la méthode OPERA :

- ✓ **Organisé** — votre objectif suit une structure claire. Au lieu d'épargner de manière aléatoire, vous suivez un plan précis avec un plafond défini. *Validé !*
- ✓ **Pratique** — l'objectif est réaliste et atteignable. Il ne s'agit pas d'un rêve vague, mais d'une cible concrète que vous pouvez atteindre grâce à une discipline budgétaire régulière. *Validé !*
- ✓ **Efficace** — cet objectif sert à un but stratégique. Au-delà de l'acquisition elle-même, il s'agit de poser les premières fondations et de sécuriser votre avenir à long terme. *Validé !*
- ✓ **Résultat-orienté** — la ligne d'arrivée est claire et mesurable Aucune place pour le flou, vous savez quand l'objectif est atteint lorsque vous avez 25,000 $ d'épargnés. *Validé !*
- ✓ **Assumé** — l'échéance des deux ans crée une dynamique motivante. Ce compte à rebours crée un délai qui vous maintient concentré et vous permet de suivre vos progrès régulièrement. *Validé !*

C'est comme ça qu'un objectif financier ambitieux devient atteignable : en le découpant en étapes précises, comme on planifie une mission. Au lieu de vous laisser dépasser, vous avancez étape par étape, en transformant un défi complexe en une série d'actions claires, concrètes et exécutées avec rigueur.

Prioriser vos Objectifs

Troupes ! Nous savons pertinemment que toutes les missions ne se valent pas. Certaines sont critiques et urgentes, d'autres peuvent attendre. C'est exactement la même logique pour vos objectifs financiers. On ne peut pas tout attaquer en même temps. Essayer de le faire, c'est comme se retrouver sur le terrain sans assez de munitions et avec des radios en panne — votre efficacité serait gravement compromise. La solution, c'est d'établir un ordre de priorité clair. Voici comment je structure mes propres objectifs financiers en un système à plusieurs niveaux :

Système de Niveau

Niveau 1 : Besoins Immédiats — Les Missions « Vitales »
Ce sont vos incontournables. Les objectifs qui assurent votre sécurité et celui de votre famille, un peu comme votre liste de vérification de préparation financière au combat.

- Constituer un fonds d'urgence de base
- Éliminer les dettes à taux d'intérêt élevé
- Couvrir les besoins essentiels

Niveau 2 : Objectifs à moyen terme — « Objectifs Stratégiques »
Une fois vos besoins immédiats comblés, reportez votre attention sur les objectifs qui assureront votre succès à long terme. Ce sont vos multiplicateurs de force financiers.

- Constituer l'apport initial pour une propriété
- Financer votre perfectionnement professionnel
- Rembourser les dettes à faible taux d'intérêt

Niveau 3 : Aspirations à long terme — Les « Grandes Conquêtes »
Ce sont vos objectifs les plus ambitieux. Ceux qui exigent patience, discipline et une planification rigoureuse. C'est votre objectif financier en phase final.

- Maximiser votre épargne-retraite
- Bâtir une richesse qui traverse les générations
- Acquérir le véhicule de vos rêves, comme une Aston Martin Vantage — pourquoi pas ? *À chaque soldat sa route !*

Les Règles d'Engagement

Concentrez-vous d'abord sur les objectifs de Niveau 1. Une fois ceux-ci maîtrisés, progressez vers le Niveau 2. Les objectifs de Niveau 3 restent importants, mais peuvent attendre. Tenter de mener les trois niveaux simultanément équivaut à engager une opération sans ressources suffisantes : la recette est vouée à l'échec. Prioriser vos objectifs ne signifie pas renoncer à vos ambitions, mais bien les accomplir dans l'ordre stratégique approprié. Une mission réussie naît de la discipline, d'une feuille de route claire et d'un élan maîtrisé.

À l'image d'un rapport de fin de mission, évaluez régulièrement votre progression financière. Tenez des points de contrôle, mensuels ou trimestriels, pour vérifier votre alignement avec les objectifs fixés. Les imprévus — une mutation de dernière minute ou une grosse dépense — peuvent vous faire dévier. Gardez donc une marge de manœuvre et soyez prêt à revoir votre plan si le contexte change.

Bien reçu, soldat ?

CONCENTRATION ET DISCIPLINE : L'ÉTAT D'ESPRIT ADÉQUAT

Bâtir sa richesse, c'est comme un entraînement exigeant : vos *burpees* deviennent financiers, et au lieu de sculpter vos abdos, vous travaillez à sculpter un compte bancaire à six chiffres. L'exercice est moins spectaculaire, et les résultats sont rarement rapides. Comme au gymnase, tout est une question de constance. Une seule séance ne vous transforme pas en athlète, et un seul conseil financier pêché sur les réseaux sociaux ne vous rendra pas riche (je peux en témoigner). C'est la rigueur au quotidien et la discipline qui mènent à du progrès concret. Sans ça, même le meilleur plan finit par s'écrouler.

La Discipline en Action

La discipline, c'est quoi ? C'est la frontière entre ceux qui concrétisent leurs ambitions et ceux qui les remettent à plus tard. C'est l'engagement à prendre des décisions constantes et volontaires concernant son argent, particulièrement quand la tentation est grande. En matière d'argent, la discipline n'est pas une option. Claquer sa paie dans des jantes chromées ou une fin de semaine improvisé à Vegas, c'est la solution de facilité. La discipline, elle, consiste à rester fidèle à son budget et à privilégier sa vision à long terme. Il s'agit de fournir des munitions dans son magasinier financier plutôt que de céder à toutes ses envies du moment. Pensez-y : votre portefeuille aussi a besoin de son entrainement. L'alimenter en connaissances, c'est comme donner à votre corps un carburant de qualité. Bon d'accord ! avec une poutine stratégique de temps à autre pour le moral ! Tenez-vous au courant, suivez l'actualité des marchés et saisissez toutes les occasions d'approfondir votre savoir. Piloter son budget, c'est comme suivre un programme de sport car la clé du succès est dans la régularité, et faire l'impasse sur les fondamentaux, c'est assurément régresser.

Restez Engagé dans Votre Mission Financière

Restez concentré, c'est avant tout conserver en tête le « pourquoi » qui donne du sens à chaque effort. Notez vos objectifs et placez-les bien en vue : sur le réfrigérateur, dans votre casier ou en fond d'écran de votre téléphone. Je garde le mien constamment sous les yeux. Face à une dépense impulsive, respirez profondément et recentrez-vous sur l'essentiel. Si vous épargnez pour votre future maison, interrogez-vous avant tout achat non-essentiel : Est-ce que cet achat vaut de retarder l'obtention des clés de ma maison ? La discipline et la persévérance ne sont pas de vains concepts : ce sont vos alliés les plus fiables. Définissez clairement votre « pourquoi »

— cette raison profonde qui vous portera même lorsque la motivation viendra à manquer. Évitez les distractions, stabilisez votre trajectoire et avancez-en pas cadencé. Et si la mission paraît trop complexe ? N'oubliez pas que les meilleurs capitaines s'entourent d'un équipage. S'entourer, c'est mettre toutes les chances de son côté.

Assumer sa Responsabilité

Se rendre des comptes, c'est un peu comme tenir son poste quand tout le monde compte sur vous : c'est une affaire d'honneur personnel et de discipline. C'est être présent à l'appel, prêt à répondre pour son équipement et ses engagements. Adoptez cette culture du compte-rendu, et appliquez-la à vos finances. Surveillez vos progrès sur la carte, faites vos points réguliers, et gardez toujours l'élan sur votre trajectoire.

Confiez vos objectifs à un coéquipier de confiance — mentor, conjoint ou partenaire financier. Comme vous suivriez les ordres d'un Membre du Rang (MR) tel un Sergent-chevronné en mission, un conseiller financier vous apporte son expertise et vous aide à viser juste. Oui, ses services ont un coût, comme un entraineur qui vous pousse à la dernière pompe. Mais son regard stratégique peut faire la différence entre rester sur place et franchir un palier. Utilisez-les avec discernement. Parfois, une seule astuce tactique peut vous faire gagner des mois de progression. La responsabilisation n'est pas une contrainte, mais bien votre multiplicateur de forces financier. Leur expertise pourrait vous apporter les ajustements tactiques nécessaires pour avancer avec la certitude d'être bien guidé. Nous développerons le thème du conseil financier dans un prochain chapitre.

Je vous confie mon plus grand regret ! Avoir mis mes finances en « mode pilote automatique » pendant trop longtemps. Si j'avais saisi il y a vingt ans ce que je sais aujourd'hui, je ne vous écrirais pas depuis un bureau — mais depuis une plage, un bon café à la main. Mais les regrets sont du carburant — une reconnaissance d'information. Voici le plan : utilisez vos recueils d'intelligences pour tracer une nouvelle route. Agissez dès maintenant ! Le temps est votre allié le plus précieux. Chaque jour compte, chaque décision vous rapproche de votre liberté financière.

Les FAC ont prévu votre appui-feu. Des programmes comme La Financière SISIP offrent du conseil et des assurances taillés sur mesure pour les militaires. C'est votre groupe d'appui dédié, toujours en état d'alerte. Stress lié à une mutation ? Prêt pour un véhicule sans couler votre budget ? Préparation pour la retraite ? Les conseillers de la SISIP ont déjà tout vu : du soldat submergé par les dettes à l'adjudant qui équilibre prêt immobilier et études des enfants. Les contacter, c'est comme demander un appui-feu : mieux vaut le faire avant que la situation ne dégénère. Alors, n'attendez pas que les sifflets retentissent.

Aujourd'hui, la technologie numérique a révolutionné l'apprentissage financier. Plus besoin de salle de classe ou de manuels. En déploiement ? Écoutez un podcast sur l'intérêt composé entre deux missions. À l'heure des repas à la cafétéria ? Regardez une vidéo sur les FNB (Fonds Négociés en Bourse) en sirotant votre café. Des livres comme *Un Barbier Riche* ou *Père Riche, Père Pauvre* deviennent vos guides de survie financière — déchiffrant les concepts complexes en instructions opérationnelles claires comme sous forme d'Ordres Opérationnels (SOP). Les applications de budget ? Votre système de navigation en temps réel. Que vous soyez à Valcartier ou sur une base outre-mer, des outils comme Wealthsimple traquent vos comptes et investissent votre monnaie sans effort. Même les forums populaires en ligne et la chaîne YouTube peuvent devenir votre équipe d'éclaireurs

— repérant les pièges et partageant les astuces de ceux qui ont déjà franchi les mêmes obstacles.

Voici le point de ralliement : gérez vos finances comme une opération militaire. Planifiez votre budget comme votre allocation de munitions. Rationalisez et supprimez le gras et dites non à la troisième console de jeu. Passez à l'attaque avec votre escouade — mentors, conseillers SISIP, ce livre. Bâtir sa richesse est une marche forcée, pas une course. Gardez la discipline. Serrez chaque dollar comme votre dernier paquet de rations.

Verrouillez et chargez !

COMPTE-RENDU APRÈS ACTION

- **La culture financière est essentielle à la mission.** La maîtrise du budget, de l'épargne et des investissements est fondamentale pour le succès à long terme. Sans ces compétences, même les gros salaires ne garantissent pas la richesse.

- **Votre état d'esprit est votre arme la plus puissante.** Discipline, concentration et responsabilité font la différence entre les militaires qui prospèrent de ceux qui se contentent de survivre. La quête de richesse demande de la régularité, ça pique parfois, mais les résultats sont au rendez-vous.

- **Chaque militaire a le potentiel de devenir millionnaire.** En prenant appui sur la pension militaire et en y ajoutant une stratégie financière avisée, même un salaire moyen peut mener à une retraite confortable et riche grâce aux bonnes habitudes.

- **Fixez vos objectifs financiers avec une stratégie de niveau militaire.** Divisez-la en objectif de type OPERA (Organisé, Pratique, Efficace, Résultat-orienté, et Assumé) et priorisez-les en fonction de leur urgence et de leur impact.

- **Commencez là où vous êtes et commencez maintenant.** Jeune recrue ou vétéran, le plus important, c'est de faire le premier pas maintenant. Plus vous agirez tôt, plus vous mettrez toutes les chances de votre côté pour l'avenir.

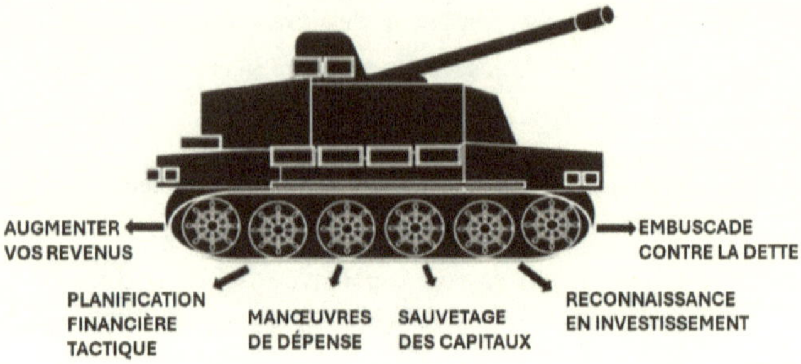

Vous êtes plus riche que vous ne le pensez.

Il vous suffit de suivre un plan.

DAVID BACH
L'Automatique Millionnaire

CHAPITRE 2

PLANIFICATION STRATÉGIQUE
LE PLAN DIRECTEUR POUR CROÎTRE VOTRE RICHESSE

CHAQUE MISSION RÉUSSIE prend racine dans une stratégie définie. Construire sa richesse ne fait pas exception. Ce chapitre décompose les étapes spécifiques, les stratégies dont vous avez besoin pour remporter vos victoires financières. Voici ma « Roue de la Richesse », une approche tactique astucieuse tirée de mon manuel d'expérience, que j'ai élaborée pour jeter les bases de la sécurisation et de la croissance de ma propre richesse. Maintenant, laissez-moi vous introduire mon :

Concept d'Opération : Tactiques d'Enrichissement

Accumuler une richesse ne relève ni de la chance ni des raccourcis. Il faut faire preuve de vigilance, déployer une tactique avec vision et, par-dessus tout, oser agir. Tout comme vous n'entreprendriez pas une mission sans plan, vos finances méritent une approche réfléchie. En mettant en œuvre ces tactiques éprouvées, vous renforcerez votre capacité à prendre le contrôle de vos finances, à protéger vos arrières financiers et à atteindre une prospérité durable.

Plongeons maintenant dans chaque élément de la Roue de la Richesse pour vous armer des outils nécessaires pour dominer le champ de bataille financier. Que vous débutiez ou que vous affiniez votre parcours, cette série de manœuvres vous maintiendra en position de forces pour relever tous les défis. *Bien reçu ? On se jette à l'eau !*

La Roue de la Richesse

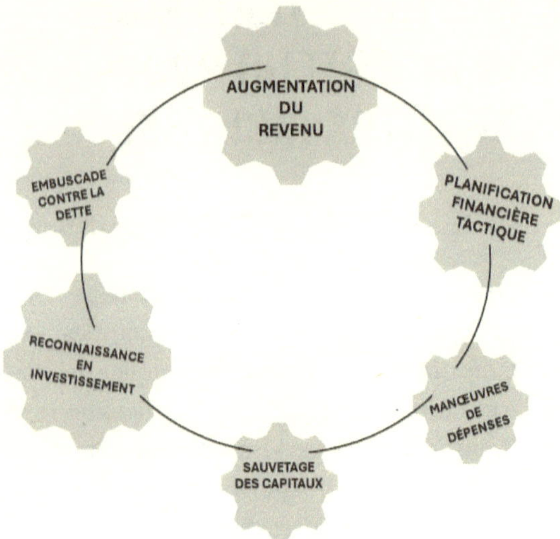

CONCEPT D'OPÉRATION : TACTIQUES D'ENRICHISSEMENT

Considérez ceci votre Concept d'Opération, un plan clair et actionnable pour guider votre mission vers l'enrichissement. Tout comme un CONOP décrypte les étapes d'une opération, chaque segment de la Roue de la Richesse vous aidera à élaborer une approche, à exécuter et à vous adapter pour développer votre accumulation de richesse. *Pas de raccourcis ici !* Suivez le plan, restez discipliné et gardez les yeux sur l'objectif. La richesse se construit étape par étape, grâce à l'épargne, des investissements judicieux et des manœuvres, tout comme on progresse en atteignant des objectifs de mission.

Forteresse de Fortune

Bâtir une forteresse de richesse plus résistante qu'un char blindé et plus endurante qu'un vétéran aguerri, c'est créer un bastion financier conçu pour rire des tempêtes économiques et vous maintenir inébranlable quand le monde tremble comme une détonation involontaire. Pour commencer, il vous faut des fondations plus fiables que l'acier trempé pour abriter votre armée de capitaux. Ensuite, vous érigez des défenses capables d'absorber même les plus violents ouragans financiers. Voici les six tactiques puissantes pour dominer le champ de bataille financier et construire une forteresse imprenable :

1. **Augmenter vos revenus** : élargir vos gains
2. **Planification financière tactique** : définir des objectifs et des stratégies
3. **Manœuvres de dépenses** : gérer efficacement vos dépenses
4. **Sauvetage des capitaux** : épargner stratégiquement
5. **Reconnaissance en investissement** : explorer les options de placement
6. **Embuscade contre la dette** : éliminer la dette efficacement

Plongeons dans chaque tactique pour que vous soyez prêt à dominer tous les terrains.

AUGMENTER VOS REVENUS : ÉLARGIR VOS GAINS

L'une des clés pour accroître votre richesse est d'augmenter vos entrées d'argent. Vous pouvez le faire en décrochant un poste mieux payé ou en développant une source de revenus supplémentaire. Envisagez de lancer un projet à côté, ou d'investir dans votre formation pour vous spécialiser et acquérir des compétences qui augmenteront votre valeur sur le marché. En d'autres termes, développez votre potentiel de gain devient un levier puissant.

Plus de Munitions

Bien que votre salaire des FAC constitue une base inestimable, y ajouter d'autres revenus, c'est comme demander un appui-feu pour avancer plus vite vers vos objectifs. Il ne s'agit pas seulement de savoir et de discipline — il faut renforcer votre position avec de nouvelles ressources pour le prochain assaut. Ces revenus supplémentaires, c'est votre artillerie lourde. Plus de fonds sur votre compte, c'est plus de puissance à allouer à l'épargne et aux investissements. La victoire financière se gagne avec des ressources et une stratégie. Elle repose sur votre habileté à maximiser vos rentrées et à les déployer avec précision. Que ce soit par un deuxième poste, une promotion ciblée, ou des placements judicieux, considérez chaque dollar comme une cartouche précieuse dans votre chargeur. Alors, équipez-vous en conséquence et déployez vos ressources comme un commandant en opération. *Garnissez vos chargeurs et passez à l'action !*

Augmentez Votre Puissance de Feu

La progression de carrière au sein des FAC est votre première ligne d'attaque. Poursuivez chaque opportunité de promotion, chaque formation pointue, et envisagez les affectations qui mènent à un meilleur salaire. Saisissez les programmes de développement et visez délibérément les rôles qui servent votre stratégie financière sur le long terme. C'est en consolidant cette position que vous gagnez le terrain nécessaire pour vos autres manœuvres.

Pensez à monnayer vos compétences sur un second front, en dehors de vos obligations régulières. Si la logistique est votre domaine, offrez vos conseils à de petites entreprises. Maîtrisez-vous une langue ? Donner des cours de français pourrait être une source de revenus supplémentaire. Et si vous êtes à l'aise avec la technologie, des missions de travailleur indépendant, comme du dépannage informatique ou de la conception web pour des commerces locaux, peuvent constituer un excellent appui en munitions financières. Assurez-vous simplement que cela n'interfère pas avec votre mission principale et ne crée aucun conflit d'intérêts avec votre poste actuel. Cela vous aidera à diversifier vos sources de revenus et à renforcer votre position financière.

Rechargez et montez en puissance !

Créez des Revenus Passifs

Imaginez les revenus passifs comme votre unité de réserve, mobilisée en permanence sur le terrain financier. Ces actifs manœuvrent et sécurisent vos positions de façon autonome, même quand votre attention est ailleurs. Ils forment une ligne de ravitaillement silencieuse mais constante pour votre enrichissement. Cette réserve peut être constituée de plusieurs façons : des investissements tels que l'immobilier locatif ou les actions à dividendes, ainsi que la création de produits numériques (livres électroniques, formations) et de contenu (blogs, vidéos). Une fois mis en place, ces dispositifs génèrent un flux de ressources régulier, alimentant votre croissance financière sans exiger un engagement tactique constant.

Cela vous permet de vous concentrer pleinement sur votre mission première au sein des FAC. Nous y reviendrons en détail dans un futur chapitre lorsque nous aborderons le sujet sur les Allocation des Actifs.

Ainsi, si augmenter vos revenus actifs — par la promotion, les emplois secondaires ou les services supplémentaires — vous fournit plus de munitions pour conquérir vos objectifs, développer des revenus passifs, revient à déployer une unité de soutien logistique permanente. L'un vous offre une puissance de feu immédiate, l'autre assure un approvisionnement soutenu. Employés ensemble, ces deux axes stratégiques vous permettent de constituer votre richesse avec une efficacité redoutable tout en économisant vos efforts sur le long terme.

Verrouillez ça, soldats !

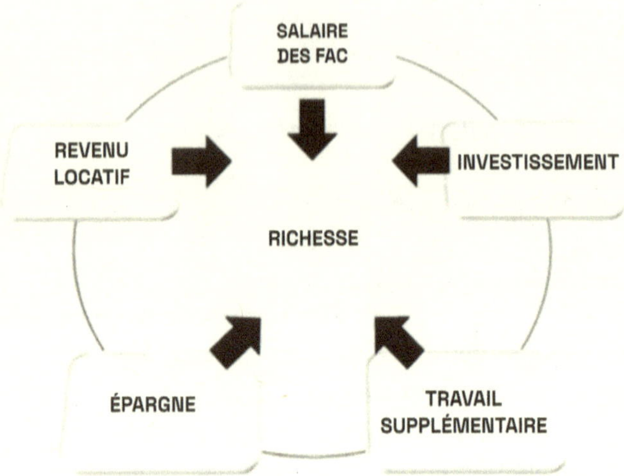

Se lancer pour créer de nouvelles sources de revenus peut paraître intimidant, voire épuisant. Mais travailler 40 heures par semaine jusqu'à 67 ans ? Pour moi, c'est un chemin bien plus rude. Et à l'arrivée, on est souvent à bout de souffle. En vérité, tout se résume à un choix : quel effort êtes-vous prêt à consentir ? Quel défi préférez-vous affronter ? Plutôt qu'une vie de routine sous pression, mieux vaut un effort intense aujourd'hui. Et si vous optiez pour la voie qui offre plus de liberté et un peu moins de luttes ?

Choisissez votre niveau de difficulté, soldat !

PLANIFICATION FINANCIÈRE TACTIQUE : DÉFINIR DES OBJECTIFS ET DES STRATÉGIES

Pour bâtir et accroître votre richesse, une manœuvre bien appuyée est indispensable pour maîtriser le terrain financier. Élaborez un plan de campagne avec des objectifs clairs et tenez vos positions. Cette feuille de route structurée est votre meilleur atout pour rester sur la bonne trajectoire. Sachez exactement comment et où déployer chaque partie de vos ressources. Faites un point sur votre rapport de situation (SITREP) financier régulièrement. Et si le terrain change : un pépin, une opportunité, ajustez vos tirs. Pas de théorie en chambre. Rien que des ordres exécutables. Voici les étapes claires, celles qui m'ont permis de passer du concept à la conquête.

Définir Vos Stratégies

Verrouillez votre cible — commencez par pointer vos objectifs financiers à court et à long terme. Objectifs à court terme ? Pensez à un fonds d'urgence ou à l'élimination de la dette de carte de crédit. Objectifs à long terme ? C'est vos grandes conquêtes. Prendre d'assaut l'achat d'une maison. Sécuriser une retraite où vous serez en congé permanent, pas en retraite forcée. Dans l'armée, chaque mission a un objectif ; vos finances aussi doivent en avoir un.

Par exemple, l'un de mes propres objectifs a été de rembourser mon prêt auto avant mon prochain déploiement. Je l'ai traité comme une cible à neutraliser : prioritaire, disciplinée, et critique pour la suite des opérations. Quand j'ai effectué ce dernier versement, la satisfaction a été celle d'une mission accomplie. Peu importe les objectifs dans votre propre ligne de mire — capturez-les par écrit.

Établissez une feuille de route financière — décomposez vos objectifs en étapes actionnables. Utilisez le cadre OPERA dont nous avons parlé précédemment pour garantir que votre plan est clair et réalisable. Par exemple, si votre objectif est d'épargner 10,000 $ pour un acompte sur une maison, déterminez combien vous devez épargner chaque mois et ajustez votre budget en conséquence. Suivre vos finances, c'est comme mener une mission de reconnaissance. Vous devez savoir où chaque escouade de dollars est déployée.

Un de mes camarades ne comprenait pas pourquoi il était toujours à court de munitions (argent). Il s'est avéré qu'il dépensait 200 $ par mois en boissons énergisantes au CANEX. En suivant ses dépenses, il a réduit et a économisé assez pour un acompte sur sa première maison. La leçon est simple — gardez un œil sur vos dépenses, ou elles vous prendront par surprise.

Budgétisez intelligemment — établir un budget, c'est comme rationner les provisions durant un exercice sur le terrain. Il faut les faire durer. Je me souviens d'un Sergent qui utilisait la règle du 50/30/20 : 50 % pour les besoins essentiels, 30 % pour les envies ou les loisirs (surtout du café et des bonbons, disait-il en riant), et 20 % épargnés. Il est resté fidèle à son budget et a économisé assez pour emmener sa famille à Disney World. Planifiez vos dépenses, et vous verrez votre argent vous mener plus loin.

Investissez judicieusement — investir, c'est comme consolider une défense fortifiée. Cela protège et fait croître votre richesse. J'ai commencé par mettre de l'argent de côté dans un compte d'Épargne Libre d'Impôt (CELI), puis j'y ai ajouté quelques actions à dividendes. C'était comme gagner des médailles sur le marché. Avec le temps, ces petits investissements se sont transformés en un capital significatif. Commencez modestement, mais avec constance. Nous reviendrons plus tard sur le CELI et d'autres outils !

Maintenez la discipline — elle est la colonne vertébrale de la vie militaire comme dans vos finances. Mon ancien colocataire avait instauré une règle simple : à chaque paie, il effectuait automatiquement un virement vers son compte d'épargne. C'était son « entraînement physique financier » : jamais d'absence, toujours à l'heure. Même quand la tentation d'un nouveau jeu de PlayStation lui tentait, il tenait bon. Restez rigoureux, et les résultats suivront.

Faites le bilan et adaptez-vous — comme après une mission, vérifiez régulièrement votre SITREP financière. Ajustez votre plan si votre salaire, vos factures ou votre vie changent. Gardez le contrôle, mettez à jour si nécessaire, et restez aux commandes. C'est ainsi que vous mènerez cette opération à bien.

Ces actions vous tiendront ciblé. Restez concentré, restez discipliné, et souvenez-vous — chaque dollar compte. Recherchez des conseils avancés si nécessaire. La complexité de la planification financière peut être épuisante et ressembler parfois à un labyrinthe. Quand cela arrive, n'hésitez pas à demander l'avis d'experts.

Ceux qui remportent la victoire planifient avec efficacité et savent s'adapter avec détermination.

SUN TZU
L'Art de la Guerre

MANŒUVRE DE DÉPENSES : GÉRER EFFICACEMENT VOS DÉPENSES

Vos habitudes de consommation sont le moteur de votre budget — elles le font avancer ou le font caler. Une planification rigoureuse, c'est comme une bonne vérification pré-vol : elle permet d'utiliser chaque ressource à bon escient, de dégager du carburant pour l'épargne et de préparer vos prochains mouvements. Le secret, au cœur de la Roue de la Richesse, est simple : maîtriser où va l'argent, optimiser ce qui reste, et tout diriger vers l'essentiel. Pour y arriver, il faut examiner ses réflexes, privilégier le nécessaire, limiter les achats impulsifs et ajuster ses dépenses courantes. Un suivi régulier, c'est votre point de contrôle pour rester sur la trajectoire. Voici comment je garde le contrôle :

1 **Tracez vos dépenses** — commencez par suivre vos dépenses pendant un mois. Identifiez où réduire, comme les restaurants, les abonnements ou les achats impulsifs.

2 **Le besoin l'emporte sur l'envie** — distinguez les dépenses essentielles (comme le logement, l'épicerie et les services publics) des dépenses discrétionnaires (comme les loisirs ou votre collection d'équipement). Reculez sur les non-essentielles pour libérer des fonds.

3 **Équipez-vous des outils de budgétisation** — exploitez des applications de budget pour surveiller vos entrés d'argent et rester sur la bonne voie.

Réduisez vos dépenses et économisez plus d'argent !

Quand je dis « réduire vos dépenses », je ne parle pas de mener une vie austère et de vous priver de tous les plaisirs de la vie. Je parle d'une vigilance budgétaire. Alléger vos dépenses courantes permet de dégager du terrain pour épargner davantage ou anéantir vos dettes plus vite. Identifiez les éléments dont vous pouvez vous passer (abonnements inactifs, adhésions oubliées) et procédez à leur radiation. Remplacez-les ensuite par une option plus économique et tout aussi efficace.

Réduisez les Abonnements

- Programmes internet
- Magazines
- Plateformes de films en ligne
- Centre de conditionnement physique

Devinez quoi ! Le gymnase de la base est gratuit. On est d'accord, ce n'est pas un club privé. Pas de sauna, pas de décor tape-à-l'œil, et ça implique de passer un peu plus de temps sur la base. Il peut même manquer la dernière machine à la mode. Mais l'essentiel y est pour obtenir des résultats concrets. Et puis, soyons honnêtes : êtes-vous là pour draguer ou pour transformer votre physique ? *Les priorités, soldats !*

Réduisez les Dépenses Discrétionnaires

- Les repas au restaurant
- Les livraisons à domicile
- Les visites fréquentes au bar

Cessez de dilapider votre paie en plats livrés et prenez en main les bases culinaires. C'est une compétence de survie qui vous épargnera une fortune. Je parle d'expérience. À mes débuts, certains coéquipiers fraîchement sortis de l'entrainement de base estimaient que cuisiner consistait à appeler Domino's. Résultat ? Chaque semaine, notre logement ressemblait à une zone logistique saturée de cartons à pizza. On aurait pu y cantonner une section entière. Alors, fermez l'application de livraison, attrapez une spatule et libérez votre Gordon Ramsay intérieur. Votre premier essai évoquera peut-être les spaghettis de la cuisine de la base, mais au moins, vous ne financerez pas la prochaine retraite corporative de Domino's. Votre compte bancaire et votre tour de taille vous diront merci. *Maintenant, en avant. Allez conquérir votre cuisine !*

Gérez Vos Dépendances

- Cigarettes
- Alcools
- Casse-croûtes
- Café (on en reparlera d'avantage)

En raison d'une particularité biologique, mon corps ne supporte tout simplement pas l'alcool. Drôle de destin, hein ? Pendant que mes camarades trinquent au mess, moi, je sirote mon soda, à vivre ma meilleure vie. L'avantage ? Mon portefeuille reste blindé. L'argent file directement en épargne et dans mon Régime Enregistré d'Épargne-Retraite (REER). *À ça, je dis — santé !*

Réduisez les Dépenses à la Maison

- Renégociez votre hypothèque
- Optez pour la colocation
- Choisissez un logement plus compact
- Maîtrisez votre consommation d'énergie

Maîtriser son budget logement, c'est comme alléger son paquetage avant une marche forcée : on ne garde que l'essentiel et on gagne en agilité. Contrôlez votre consommation d'énergie, éliminez les charges supplémentaires, et vous verrez vos factures diminuer. Je connais un couple de militaires qui a simplement remplacé ses vieux équipements par des modèles plus économes. Résultat ? Ils ont réduit leur facture de 20 % et affecté ces ressources au remboursement de leur véhicule. Quand votre base arrière est bien tenue, les opportunités frappent plus facilement à votre porte.

À la Chasse aux Rabais

- Comparez les prix entre les différents magasins
- Gardez un œil sur les soldes et les promotions

- Profitez des coupons de réduction
- Achetez dans les magasins aux prix compétitifs

Escouade ! Dénicher des bonnes affaires, c'est comme récupérer du matériel en parfait état au surplus. C'est une victoire tactique, pas une concession ou une faiblesse. La plupart ne s'en donnent pas la peine, mais pas moi. Si l'essence coûte dix cents de moins chez Costco, je me mets en rang. La carte de membre ? Un avantage logistique aussi. Les remises en fin d'année, c'est de l'argent de poche en plus. Et puis, où d'autre trouver un chien-chaud et un soda pour moins de 2.00 $? L'inflation n'a jamais réussi à pénétrer les lignes du comptoir à nourriture de Costco. Chaque dollar épargné est une cartouche supplémentaire pour votre avenir. Soyez rusés, soyez économes, et voyez votre épargne prendre du galon ! De plus, chaque visite génère une remise, faisant de Costco un véritable allié dans votre manœuvre financière.

Optimisez votre Budget Transport

- Privilégiez les transports en commun
- Adoptez le covoiturage
- Choisissez des véhicules économes
- Envisagez un véhicule électrique (VE)
- Optez pour des véhicules d'occasion

Alléger vos frais de transport, c'est comme réviser son équipement avant une longue patrouille : plus efficace, plus malin, et ça profite à tous. Se défaire d'un véhicule énergivore, c'est se débarrasser d'un poids que vous n'avez pas de besoin. En passant à l'électrique, à l'hybride ou même au covoiturage, vous économiserez à la pompe tout en protégeant l'environnement. Votre portefeuille reste garni, et la planète respire mieux.

Prenez le cas du Sergent Écolo : elle roulait dans un gros pick-up qui consommait comme un soldat assoiffé durant une marche forcée. En l'échangeant contre un VUS hybride, elle a divisé sa facture de carburant par deux et a accumulé des économies aussi vite qu'un instructeur compte des pompes. Elle a réduit son empreinte carbone, pas seulement ses dépenses.

Je vous entends déjà murmurer ! « Les VE, c'est cher, et on ne se présente pas au rassemblement en Tesla ! » C'est exact, mais la technologie progresse. Ce qui semble hors de portée aujourd'hui peut devenir une prise de position demain. En attendant, pas de stress ! Covoiturez, pédalez, conduisez sobre. Anticipez, adaptez-vous quand c'est possible, et vous dominerez à la fois la route et vos finances.

Coupez le gras et libérez votre argent pour les vraies batailles. Moins de déchet, plus de puissance de feu financière.

SAUVETAGE DES CAPITAUX : ÉPARGNER STRATÉGIQUEMENT

Je reviens sans cesse sur l'épargne, car soyons francs : c'est la base indispensable pour bâtir une richesse durable. L'épargne est la colonne vertébrale de l'enrichissement — votre unité de réserve.

Quand je parle d'« épargner votre argent », je ne prône pas une vie où l'on renonce à tout pour grappiller quelques dollars. C'est une question d'équilibre tactique. Je suis pour maximiser l'épargne, mais aussi pour que vous tiriez profit et jouissez du parcours aussi. Et non, il ne s'agit pas non plus de laisser cet argent stagner sur un compte chèque. « Épargner davantage » signifie de créer une marge de manœuvre pour investir. Nous approfondirons ce point très prochainement.

Statistiques de l'Épargne

Selon Statistique Canada, en 2018, le ménage moyen épargnait environ 850 $ — une somme qui couvre à peine un équipement de base ou une facture inattendue. En revanche, les 20 % de ménages aux revenus les plus élevés constituaient une réserve d'environ 41,000 $ par an. C'est l'équivalent de maximiser vos contributions au CELI et d'offrir des vacances en croisière à toute la famille. La tendance s'est accentuée avec la pandémie : en 2020, l'épargne moyenne a bondi à 5,800 $, contre à peine 1,100 $ en 2019. On passe d'une simple trêve budgétaire à la constitution d'un véritable fonds de sécurisation.

Aussi, en 2023, les ménages de 35 à 44 ans ont affiché la meilleure performance avec près de 22,000 $ d'épargne nette. Malgré ces progrès, la culture de l'épargne au Canada demeure fragile. Les 65 ans et plus n'ont épargné que 13,000 $, ce qui indique que leurs dépenses excèdent leurs rentrées. Signe inquiétant !

Alors, quel est l'ordre de mission ? Si vous visez une véritable construction de richesse, soyez délibérés. Que ce soit par des virements automatiques, en neutralisant les fuites budgétaires (comme le café quotidien à l'extérieur) et orientez votre argent vers des placements. C'est l'action qui construit.

Combien Devriez-vous Épargner ?

Pour l'épargne et la retraite, il n'existe pas de solution universelle, mais voici un repère fiable : George Clason, auteur du livre *L'Homme le plus riche de Babylone*, recommande 10 % de vos revenus à l'épargne.

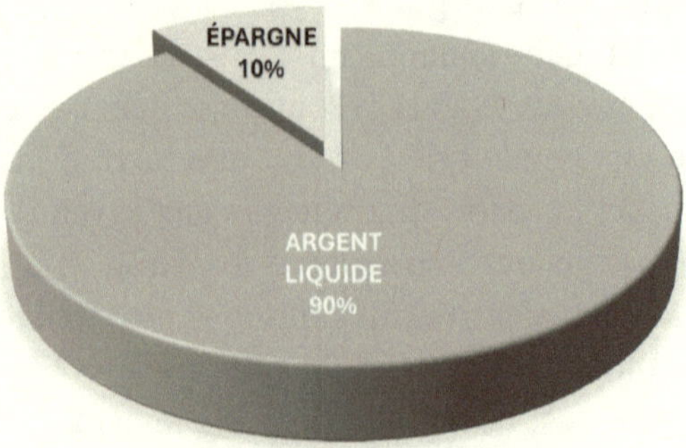

Taux d'épargne de George Clason

Suivi par le taux d'épargne-investissement recommandé de 15 % pour la retraite par Dave Ramsey.

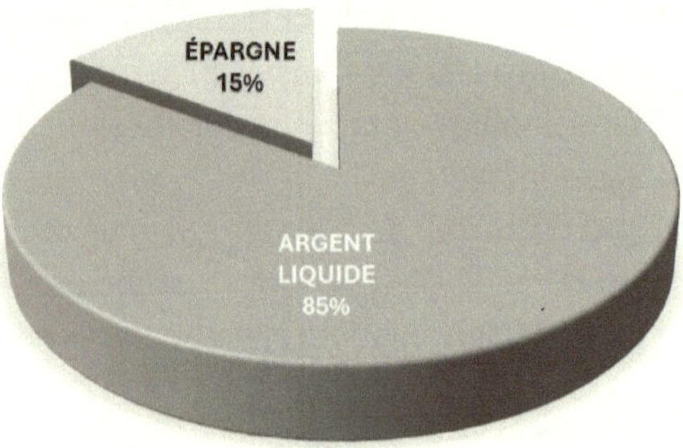

Taux d'épargne de Dave Ramsey

Puis sont venues Elizabeth et Amelia Warren la règle 50/30/20 qui consiste à répartir son revenu net entre 50 % pour les besoins, 30 % pour les envies et 20 % pour l'épargne.

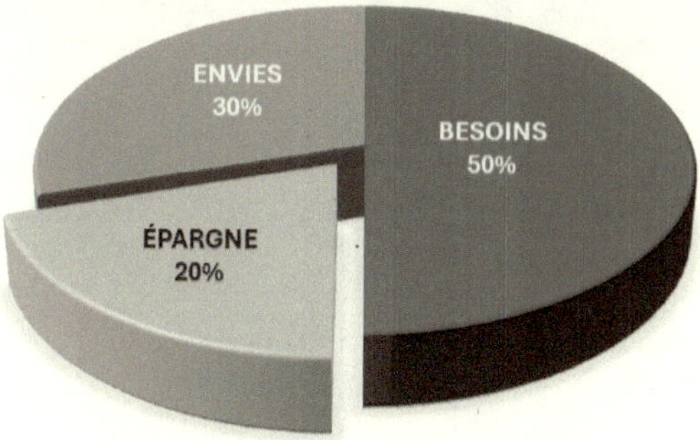

Taux d'épargne d'Elizabeth et Amelia Warren

D'accord ! Tout le monde et son Commandant d'unité ont un avis sur le pourcentage à épargner : 10 %, 20 %, peu importe. On pourrait en débattre sans fin dans l'auditorium, mais voici l'essentiel peu importe le chiffre, la mission reste la même : mettre vos finances en ordre de bataille et vous faire épargner. Choisissez un taux qui vous correspond, qu'il soit modeste ou élevé, et tenez-le comme vous tenez votre arme.

Voici un secret (classifié au plus haut niveau) : pourquoi se limiter au strict minimum ? Si votre objectif est la véritable indépendance financière — du genre « prendre sa retraite et ne plus jamais subir de formation en ligne obligatoire du MDN » — pourquoi vous arrêter à 20 % ? Ne vous contentez pas de l'objectif, dépassez-le et dépassez-le encore. Portez-le à 30 %, voire plus si vous en avez la capacité. Ma vision est simple : plus d'épargne, plus rapide votre victoire. C'est comme avancer avec une charge plus légère (moins d'argent disponible à dépenser) et franchir la ligne d'arrivée devant les autres.

Alors, prenez l'initiative et augmentez votre taux d'épargne. C'est la mission de préparation à la vie après l'uniforme. Maintenant, passez à l'action et épargnez comme si votre liberté en dépendait — *car c'est le cas !*

Épargnez autant que vous le pouvez, tant que vous le pouvez !

Atteindre vos objectifs financiers et envisager une retraite anticipée dépend avant tout d'une chose : votre taux d'épargne. Augmentez vos réserves, épargnez plus intelligemment, dépensez avec conscience et investissez régulièrement. Ces placements, nourris par le temps, deviendront votre revenu lorsque votre salaire actuel s'arrêtera. Construisez dès aujourd'hui les ressources qui financeront votre vie de demain. Plus vous visez haut en matière d'épargne, plus vous accélérez vers votre cible. Alors, visez plus haut. Votre futur vous attend.

Mission : Domination Financière — l'acceptez-vous ?

Automatisez Votre Épargne

Faites en sorte qu'une partie de votre revenu parte directement vers votre épargne, les 15 et dernier du mois, dès que l'argent arrive. Plus besoin d'y penser, plus d'excuses. L'argent s'épargne tout seul, sans effort. Vous saisissez ? C'est pré-réglé, aussi facile que d'enfiler vos bottes dans le noir complet. Ainsi, vous alimentez vos réserves financières sans y penser.

Vous ne pouvez pas dépenser ce qui n'est pas disponible. En automatisant le processus, vous neutralisez la tentation de puiser dans votre compte courant. C'est un système

« appliquer et oublier » qui vous maintient sur la bonne trajectoire sans surveillance constante. Plus d'excuses du « je le ferai plus tard » ! Automatiser votre épargne est une victoire facile. Cela renforce votre discipline et profite de la capitalisation des intérêts sur le temps. Manquer ces virements, ne serait-ce que quelques fois, peut compromettre vos avancées financières.

Je réoriente systématiquement une part de mes revenus vers mes investissements, je recharge, et je répète, comme on alimente un chargeur. C'est simple, mais efficace. Ce processus répétitif peut sembler monotone, mais c'est une méthode stable et régulière qui m'aide à bâtir une véritable richesse.

Ma Manœuvre d'Épargne (Comment J'Épargne Mon Argent)

Je n'ai pas toujours été un super épargnant. Au début, je dépensais mon salaire comme une recrue lors de sa première permission pour une fin de semaine. Puis, j'ai resserré les rangs et j'ai adopté un mode de vie sous mes moyens. Adieu les sorties coûteuses, bonjour les repas préparés. J'aurais aimé monter en ligne plus tôt. Si c'était le cas, je serais peut-être en train de prendre du soleil sur une plage à siroter un jus sucré sur une plage de Tahiti en ce moment.

Je suis devenu sérieux dans mon épargne vers vingt-huit ans, un bon âge pour prendre position. Mes revenus se sont stabilisés, et je ne vivais plus au jour le jour. Mais le vrai tournant a été la découverte du CELI. Au début, je sous-estimais son potentiel, mais aujourd'hui ? Je ne jure plus que par lui, comme on râle après le four micro-ondes mal nettoyé de la salle commune de l'unité. J'ai commencé à maximiser mes versements annuels au CELI, à diminuer les dépenses (adieu, les abonnements mensuels oubliés) et à surveiller mes comptes. Toutes mes économies supplémentaires ont atterri dans ce CELI, puis j'ai engagé le combat en bourse. Sans m'en apercevoir, j'avais monté un portefeuille générant des revenus passifs.

Ce CELI ? Je le considère comme ma dernière ration de combat. Interdit d'y toucher, sauf en cas de crise financière majeure. C'est mon arme décisive, et chaque dollar épargné est une cartouche de plus pour bâtir ma richesse. Que ce soit en actions, en immobilier ou autre, épargner et investir, c'est comme accumuler des munitions pour une longue campagne. Démarrez tôt, tenez bon, et voyez votre richesse prendre du terrain. Au-delà du CELI, j'utilise aussi un compte d'investissement standard. Je ne garde pas beaucoup d'argent liquide sous la main ; juste de quoi couvrir les essentiels (nous passerons en revue le CELI et les autres outils de placement au Chapitre 3).

Voici mon taux d'épargne de prédilection, basé sur ma solde nette des FAC, après déductions et dépenses mensuelles fixes : 30 % vont à mes obligations courantes. Les 70 % restants (mon excédent opérationnel) sont dirigés vers mon compte d'investissement pour faire croître mon dispositif. Notez que ce calcul n'inclut pas les rendements de mes investissements ni mes autres sources de revenus.

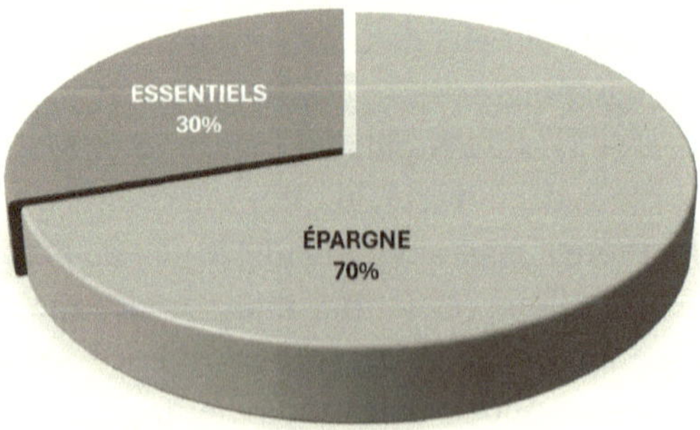

Mon taux d'épargne

Pourquoi Épargner, Escouade ?

L'épargne n'est pas un choix. La vie est un théâtre d'opérations imprévisible. Votre matelas financier est votre plan de secours, point final. Il vous permet de tenir bon sous les intempéries, de rester opérationnel quand tout déraille, et d'éviter que vos finances ne soient portées disparues en mission. Il ne s'agit pas que d'accumuler de l'argent, mais de forger une trésorerie de combat. Une réserve qui vous couvre et vous prépare à la contre-attaque. Urgence médicale, véhicule en panne, coup dur professionnel, votre armure financière absorbe l'impact. Construisez-la maintenant. La préparation est votre seule vraie protection. Quel que soit votre grade, votre revenu ou votre ancienneté, vous devez vous efforcer d'épargner davantage.

Ce n'est pas un conseil, c'est un ordre de marche.

Plan de Secours (Fonds d'Urgence)

Un fonds d'urgence, c'est votre réserve stratégique. Sa mission ? Vous couvrir les arrières quand la situation dégénère. Un revers professionnel, une urgence médicale ou une panne de voiture : grâce à cette ligne de défense financière, vous faites face sans recourir à l'ennemi juré de vos finances — le crédit coûteux. Voici pourquoi il est indispensable :

- **Perte d'emploi** — votre fonds devient alors votre parachute financier. Il absorbe le choc et vous laisse le temps de reprendre position sans précipitation.
- **Urgences médicales** — la couverture évolue après le service. Même avec l'appui des Anciens Combattants, les franchises et autres frais s'accumulent. Une épargne santé est votre filet de protection. Elle préserve votre épargne-retraite face à des soins prolongés.

- **Panne de véhicule** — parce que votre voiture qui lâche est aussi prévisible que l'humeur d'un Adjudant-Chef avant son café du lundi matin.

Abordons un sujet délicat : les séparations. Dans notre milieu, elles frappent fort. Combien connaissent l'histoire d'un frère ou d'une sœur d'armes dont le divorce a tout failli emporter, finances comprises ? Je parie que vous êtes nombreux.

Prenons mon collègue. Appelons-le « Sergent Rupture ». Un militaire exemplaire en service, mais dont la vie personnelle était un champ de mines. À l'effondrement de son mariage, il a été pris de court. Frais d'avocat, partage des biens, deux foyers à soutenir : ses comptes ont été vidés plus vite qu'au CANEX le jour de paie. Sans ligne de défense financière, il a été forcé d'utiliser cartes de crédit et prêts, creusant un trou qui lui a pris des années à combler. Ça vous semble familier ? Combien de récits similaires avez-vous entendus ? Un divorce est déjà une épreuve de combat sans front. Ne la transformez pas en débâcle financière. Avec un fonds d'urgence bien constitué, vous absorbez le choc. Vous gardez la tête hors de l'eau pendant la tempête, et vous évitez de déclarer forfait à vos finances.

Ma Répartition Tactique du Fonds d'Urgence

Voici ma réserve de munitions financières pour quand la situation dégénère. Elle est calibrée pour couvrir les essentiels tels que :

- Loyer/hypothèque
- Les utilitaires
- Épicerie
- Transport
- Assurances

Explorons ensemble ce chantier en détail. Si vous n'avez jamais épargné pour un fonds d'urgence, quelque chose vaut toujours mieux que rien. Mais voici des modèles reconnus :

- **Trois mois de dépenses** — c'est votre kit de base, adapté aux militaires célibataires ou aux ménages à double revenu stable. C'est votre équipement réglementaire. Suffisant pour un combat rapide et vous permettre de traverser une crise brève.
- **Six mois de dépenses** — c'est le niveau recommandé pour ceux avec personnes à charge, un revenu unique, ou une situation professionnelle moins stable (comme les contractuels ou les réservistes de Classe A ou B). Voyez-le comme des chargeurs supplémentaires pour votre fusil. C'est une puissance de feu accrue pour des engagements plus longs.
- **Douze mois de dépenses** — c'est pour les préparateurs de niveau avancé, ceux qui ont des revenus irréguliers, des obligations financières élevées, ou qui veulent simplement être super préparés pour l'apocalypse. C'est comme avoir un dépôt de ravitaillement complet en attente, entièrement approvisionné et prêt à tout.

Alors, famille des FAC, évaluez votre position et constituez ce fonds d'urgence. C'est votre filet de sécurité quand le tsunami frappe. Dans notre monde, être préparé, c'est déjà contrôler le terrain !

Échéancier

Guerriers ! Voici le plan de manœuvre pour constituer votre Fonds d'Urgence Tactique — mon approche méthodique :

- **Phase 1 — Assaut Rapide (1 à 3 mois)**. Capturez 1,000 $ dès que possible. C'est votre fonds « réaction immédiate » pour les alertes mineures (pneu crevé, facture surprise). Traitez-le comme un objectif prioritaire : coupez les dépenses superflues, vendez du matériel inutilisé ou prenez une mission (emploi) secondaire.
- **Phase 2 — Avancée Soutenue (6 à 12 mois).** Ciblez ensuite trois mois de dépenses. C'est votre effort principal. Automatisez les prélèvements sur votre solde (un ordre permanent, non négociable). Utilisez les primes, remboursements d'impôts ou économies de déploiement pour accélérer.
- **Phase 3 — Fortification Totale (12 à 24 mois)**. Si vous visez six à douze mois de dépenses, c'est votre marche forcée. C'est ce qui vous permet de refuser une mission déraisonnable dans votre vie, de traverser une transition, ou d'attendre sans paniquer. Gardez le rythme.

Prenons l'exemple du Sergent Maxfrugal. Un militaire célibataire aux dépenses maîtrisées, dont l'objectif était d'épargner 15,000 $. Voici comment cette légende s'y est prise :

- **Phase 1** — il a sécurisé 1,000 $ en deux mois en coupant les restaurants et en résiliant les abonnements.
- **Phase 2** — il a accumulé 5,000 $ en cinq mois grâce à un prélèvement automatique de 500 $ sur chaque paie.
- **Phase 3** — il a atteint 15,000 $ en quinze mois en y injectant son remboursement d'impôt et ses économies de déploiement.

Aujourd'hui, le Sergent Maxfrugal dort comme un bébé dans un avion-cargo C-130, sachant qu'il est prêt pour toute embuscade. Déménagement surprise vers une province coûteuse ? On connaît tous le coût de la vie en Colombie-Britannique ou en Ontario — brutal. Pneus d'hiver ou panne sur la route durant le trajet continental ? Grâce à son fonds d'urgence, il ne survit pas, il prospère. À côté, son ami le Sergent Paie-à-Paie en est encore aux nouilles instantanées après leur dernière affectation. La différence est criante. *Pas facile !*

Le message est clair : votre fonds d'urgence est votre réserve de munitions pour du renfort dans le besoin. Prêt à libérer votre Maxfrugal intérieur ?

Où Je Garde Mon Fonds d'Urgence ?

Pelotons ! Votre fonds d'urgence n'est pas une unité d'assaut, Il n'est pas fait pour être investi. Il doit être rapidement accessible en cas de besoin. Gardez votre fonds accessible et hors de portée du risque. Personnellement, je place le mien sur un compte à haut rendement — accessible en 24 h, avec un petit rendement, mais à l'abri. N'allez pas l'enfermer dans des actions ou des obligations. Vous ne voulez pas être à court de munitions pendant une crise parce que votre argent est gelé, ou que sa valeur s'est effondrée au pire moment. Sa mission est la disponibilité, pas la performance.

La Réalité des FAC

Plus d'Argent, Mais Toujours Fauché

C'est un fait : un membre des FAC en milieu de carrière peut toucher entre 80,000 $ et 100,000 $. Sur papier, c'est une bonne position. Pourtant, trop nombreux sont ceux qui naviguent encore au jour le jour. Avec un salaire à six chiffres, on s'attend à de la marge, pas à compter chaque dollar.

Pourtant, ça se produit dans toutes nos rangs. Qui peut en témoigner ? C'est une réalité si fréquente qu'elle est devenue la routine silencieuse du mess.

Regardez le revenu médian des ménages militaires, surtout aux rangs où la majorité sert : les Sergents et les Capitaines par exemple. Certains gagnent plus, d'autres moins. Et pendant ce temps, plus de la moitié des Canadiens — nous y compris — vivent paie après paie. La hausse du coût de la vie nous touche tous.

Gagner 100,000 $, ça devrait être l'aisance, non ? Mais la vie sous l'uniforme est complexe. Les affectations successives — d'un océan à l'autre — ça peut être un défi excitant pour certains, mais pour une famille, c'est parfois une grenade dégoupillée. Si votre conjoint n'est pas militaire, chaque mutation signifie recommencer à zéro : nouvelle ville, nouvelle recherche d'emploi, parfois une baisse de revenu ou le chômage. Des mois sans rentrée d'argent, l'impact dépasse le simple budget et souvent bien au-delà du compte bancaire. Prenons un Capitaine avec un salaire de 120,000 $. Sur papier, c'est l'abondance. Mais si son conjoint ne travaille pas, ils vivent à deux sur un seul salaire. Ces 120,000 $ deviennent vite 60,000 $ par personne. Pendant ce temps, un Caporal à 82,000 $ dont le conjoint travaille peut avoir un revenu familial plus élevé. Surprenant ? Non, mais vrai !

Le message ? Votre solde seule ne dit pas tout. Votre situation familiale, vos dépenses et votre mode de vie sont les variables décisives. C'est là que se joue la vraie bataille.

Alors, on fait quoi ? Appliquez la même rigueur qu'au terrain. Prenez une feuille, tracez votre ligne de ravitaillement (vos rentrées) et vos points de friction (vos sorties). Le secret ? Coupez le gras — ces abonnements oubliés, ces achats discrétionnaires sur un coup de tête. Et visez loin, très loin. Parce qu'au final, la vraie richesse, ce n'est pas ce qui entre, c'est ce qui reste et travaille pour vous. Cette impression que l'argent file entre les doigts ? On est nombreux à connaître ça. Mais on est aussi nombreux à avoir appris à reprendre le contrôle. Qui d'autre ressent cette pression ?

Base Opérationnelle Avancée (BOA)

Parlons en termes opérationnels. Sur le terrain votre BOA est votre ligne de vie : sécurité, ravitaillement, appui en cas de crise. Votre fonds d'urgence remplit la même mission pour vos finances. C'est votre filet de protection tactique quand la vie lance une attaque surprise. Ciblez une réserve de trois à six mois de dépenses fixes. C'est votre point d'appui stable, ce qui vous évite de battre en retraite financière à la première alerte. C'est ce qui vous maintient en ligne et opérationnel, peu importe ce que le terrain — ou la vie — vous réserve. Ne partez pas en mission sans votre BOA financière.

Mission : Tranquillité d'esprit financière — qu'en dites-vous ?

RECONNAISSANCE EN INVESTISSEMENT : EXPLORER LES OPTIONS DE PLACEMENT

À présent, troupes ! Nous entrons dans ma phase favorite de la Roue de la Richesse : l'investissement. C'est ici que votre argent quitte le bunker pour prendre le terrain et bâtir votre empire financier.

Considérez l'investissement comme un manuel d'opérations tactiques. Vous recueillez du renseignement, repérez les cibles et exécutez un plan pour sécuriser votre avenir financier. En affectant votre épargne à un compte de placement, vous déployez vos forces vers un objectif précis : faire croître votre richesse et générer des rendements.

Que vous visiez les actions, les obligations ou l'immobilier, le but est identique : augmenter la valeur de vos actifs ou assurer un revenu régulier. Avec le temps, cette discipline transforme votre capital en une puissance financière opérationnelle. Elle construit votre zone d'atterrissage pour la retraite et érige une barricade financière contre les inattendus.

Bâtir Sa Richesse Par l'Investissement

L'investissement, c'est votre ticket de sortie vers l'autonomie financière. Mais comme pour toute opération majeure, ça exige une planification rigoureuse et une préparation. Commencez par définir vos objectifs, évaluer le terrain (les risques) et connaître votre propre seuil de tolérance — exactement comme vous le feriez avant un déploiement. Avant d'envoyer votre paie au front, faites une reconnaissance en règle. Étudiez le rapport de risque ou rendement de chaque option. Et si le terrain vous semble miné, faites appel à un appui feu — un conseiller financier qui vous couvre pendant vos premières manœuvres. Voyez-le comme votre coéquipier désigné sur ce champ de bataille. Je peux sentir une tempête à dix kilomètres, mais je ne suis pas qualifié pour prévoir les changements des marchés. Demander du renfort aux spécialistes, c'est une décision tactique, pas un aveu de faiblesse.

Petite anecdote à garder en mémoire : Charlie Munger, l'un des plus grands investisseurs de l'histoire, a commencé sa carrière comme météorologue (qu'il repose en paix). Son dicton ? *« L'homme qui a raison apprend de tout le monde. »* Que vous suiviez des dépressions atmosphériques ou des tendances boursières, le principe est le même. Avant de lancer l'assaut, prenez un genou à terre. Évaluez votre appétit pour le risque, votre échéancier de mission et votre objectif final. Ouvrez les manuels. Appelez les renforts. Engagez cette campagne avec la même discipline et la même concentration que celles que vous avez déjà dans votre paquetage. Avec un plan d'attaque, vos dollars deviennent une force de frappe autonome — un multiplicateur de puissance qui travaille pour vous, même quand vous dormez.

Éléments à Considérer Avant d'Investir

Investir, c'est comme planifier une opération. Il vous faut une stratégie éprouvée, le matériel adapté, et une connaissance approfondie du terrain. Voici ce que je prends en compte :

- **Verrouillez votre objectif** — épargnez-vous pour la retraite, cherchez-vous à générer un revenu passif ou à financer un achat important ? Des cibles claires vous orientent vers la bonne stratégie, comme régler vos jumelles de vision nocturne (JVN) avant un déploiement.
- **Connaissez votre tolérance au risque** — tout investissement comporte des risques, comme toute mission comporte des incertitudes. Certaines actions sont imprévisibles mais très rentables, d'autres sont stables mais progressent lentement. Choisissez des investissements en phase avec votre niveau de confort et votre horizon temporel.
- **Dispersez vos forces** — ne mettez pas toutes vos cartouches dans une seule boîte. Répartissez vos investissements entre différentes classes d'actifs : actions, obligations, l'immobilier. Cela réduit les pertes si un secteur sous-performe. C'est comme avoir une position de repli pour chaque scénario.
- **Faites votre diligence raisonnable** — reconnaissez le terrain, comprenez les entreprises dans lesquelles vous investissez et recueillez des renseignements financiers avant d'engager votre argent. Collaborer avec un expert financier, c'est comme se faire guider par un militaire du rang expérimenté pendant l'exercice.
- **Restez dans la bataille** — la patience et la régularité sont vos alliées. Investissez modestement, mais constamment. Pas besoin d'un gros capital pour débuter. Comme pendant votre instruction de base, commencez léger, prenez de l'élan avec le temps et laissez la capitalisation travailler pour vous.

Prêt à planifier l'assaut ? Sortez vos cartes !

Mes Astuce Pour le Plan de Bataille

Déployez tôt — c'est la règle d'or. Après vingt-cinq ans de service, vous remercierez votre jeune soldat intérieur d'avoir sécurisé les hauteurs stratégiques. Le temps est votre allié le plus précieux. Donnez-lui de la matière pour travailler en votre faveur. Sécurisez vos flancs (diversifiez) — ne mettez pas tous vos œufs dans le même panier. Répartissez vos efforts entre les actions, les obligations et d'autres véhicules. Comme une bonne défense, une seule menace ne pourra pas percer votre périmètre financier. Exploitez les avantages fiscaux — utilisez le CELI et le REER pour faire croître vos investissements en réduisant ou en reportant l'impôt. C'est votre blindage fiscal. Rester sur mission. La richesse ne se bâtit pas en un jour. C'est une marche souvent longue. Suivez votre stratégie, gardez la discipline et laissez les intérêts composés œuvrer pour vous, silencieusement mais efficacement.

Prêt à vous mettre en marche ?

Leçons Depuis Mes Tranchées Financières

Lors de mes débuts en investissement, j'étais rivé à mon écran, scrutant ma valeur nette comme un rapport de situation quotidien. Les marchés, je les suivais minute par minute. Vous reconnaissez cette tension ? Aujourd'hui, ouvrir mon compte reste encore un plaisir, mais sur le moment, c'était plus une source d'inquiétude qu'autre chose. J'apprenais à la dure, par essais et erreurs, en collectant mes leçons sur le terrain. C'est souvent le parcours nécessaire avant de trouver son rythme de croisière.

Quand votre argent est en jeu, la pression peut frapper fort. Face à une baisse, la peur de perdre nous pousse parfois à vendre dans la précipitation. L'astuce est de verrouiller ses émotions. À l'inverse, ne laissez pas la FOMO (cette peur de rater une occasion) vous forcer la main pour acheter dans la frénésie d'une action qui explose. Respirez. Le marché offre toujours de nouvelles opportunités. En tant que débutant, vous ne connaîtrez pas encore tous les protocoles, et c'est normal. Appuyez-vous sur les professionnels. La financière SISIP et d'autres conseillers peuvent vous aider à établir un plan de bataille adapté à vos objectifs et à votre tolérance au risque. Voyez-les comme un sous-officier chevronné à vos côtés sur le champ de bataille financier.

Le chapitre suivant est dédié à l'inspection de votre arsenal financier. Nous allons examiner ensemble les outils essentiels — actions, obligations, l'immobilier — pour comprendre comment chacun peut contribuer à bâtir un portefeuille à la fois résilient et précisément adapté à vos objectifs. N'oubliez jamais que dans cette campagne, votre atout suprême reste la constance tactique.

> Ce n'est pas l'attaque unique, mais la poursuite incessante qui remporte la guerre.

EMBUSCADE CONTRE LA DETTE : ÉLIMINER LA DETTE EFFICACEMENT

Terminons cette série sur l'enrichissement en affrontant l'adversaire le plus redoutable : la dette. Elle peut vous immobiliser plus vite qu'un piège bien placé.

Vous êtes-vous déjà senti coincé, incapable d'avancer financièrement, comme enchaîné au fond d'un trou ? Malgré vos efforts, vous restez sur place. Avec le temps, la dette s'accumule, souvent au-delà du supportable.

Chez les membres des FAC, elle peut provoquer stress, anxiété, dépression et autres problèmes de santé mentale. Même l'essentiel — se nourrir, se loger, épargner — devient difficile. Dans les cas extrêmes, elle mène à la faillite, anéantissant vos acquis. Ses retombées atteignent aussi votre entourage : conjoint, famille et les proches. Une dette incontrôlée peut saboter votre mission financière et vos projets personnels. Agir tôt et reprendre le contrôle n'est donc pas qu'une question budgétaire. C'est une manœuvre décisive pour reconquérir votre liberté et garder vos objectifs en ligne de mire.

Bombe à Retardement

La dette est une bombe à retardement fixée à votre avenir financier. Plus elle s'accumule, plus les intérêts gonflent et plus le décompte devient menaçant. Rapidement, vous vous retrouvez dans un champ de mines financier, à esquiver frais et pénalités, tandis que vos projets de liberté volent en éclats. Mais tenez ferme, soldats ! Cette section est votre manuel de déminage. Ensemble, nous allons désamorcer cette menace et reprendre le commandement. *Prêt à couper les fils ?*

Tic, Tic, Tic, Tic, Tic...

Attaquez votre dette dès que possible, avant qu'elle ne devienne une menace incontrôlable.

Pourquoi la dette est votre pire ennemi ? La dette, c'est comme cette recrue qui arrive toujours en retard à la formation et retarde toute la section : irritante, paralysante et un poids pour tous. Plus vous la laissez traîner, plus elle vous draine. Les dettes à taux élevé — comme celles des cartes de crédit, sont les plus redoutables.

Imaginez votre escouade en opération, surchargée. Chaque mouvement devient pénible, vous perdez en mobilité. C'est ce que la dette inflige à vos finances : elle vous alourdit et compromet votre capacité à agir, à épargner pour votre maison ou à investir pour votre retraite. La dette est l'ennemi que vous *NE DEVEZ PAS* ignorer.

Attaquez Votre Dette Dès Maintenant

La dette ne vide pas seulement votre compte : elle détériore votre cote de crédit, compliquant l'accès à un prêt immobilier ou à un véhicule fiable. Personne ne veut expliquer à sa famille pourquoi les loisirs sont inaccessibles à cause d'un achat impulsif vieux de trois ans.

Voulez-vous un conseil tactique ? Gérer sa dette, c'est comme sécuriser un périmètre miné. Identifiez les engins les plus risqués, désamorcez-les méthodiquement, et dégagez-vous un passage sûr vers votre objectif. Alors déblayez vos dettes sans délai ! Votre liberté financière vous attend de l'autre côté.

Contrôle de la Dette

Gérer une dette, c'est comme mener une opération : il faut une stratégie éprouvée, les bons outils et une volonté de fer. Voici les ordres d'opération tirés de mes carnets de campagne. *Prêt à recevoir vos ordres ?*

- **Établissez un budget** — considérez-le comme votre carte d'opérations. Il identifie vos flux d'argent et les points de rationnement. Un café quotidien à huit dollars ou des boissons énergisantes peuvent libérer des fonds pour rembourser vos dettes. (Oui, vous, les fidèles du Tim Hortons et Starbucks).

- **Priorisez vos dettes** — toutes dettes ne se valent pas. Les dettes à taux élevé (cartes de crédit) sont l'artillerie lourde ennemie : neutralisez-les d'abord. Utilisez la méthode avalanche : concentrez le feu sur le taux le plus haut, en maintenant un paiement minimum sur les autres.

- **Consolidez vos dettes** — si vos dettes sont dispersées, regroupez-les en un prêt unique à taux réduit. C'est comme appeler des renforts pour simplifier votre plan de bataille. Une collègue a consolidé ses dettes de carte de crédit en un prêt personnel à taux inférieur, économisant des centaines de dollars en intérêts.

- **Négociez avec vos créanciers** — parfois, il faut engager le dialogue avec l'ennemi. Appelez les créditeurs pour obtenir un plan adapté ou un taux réduit. Comme un cessez-le-feu, ça peut faire économiser des centaines de dollars par mois. Le Sergent « Grandmâchoire », face à une dette à 29 % d'intérêt. Sa dette de carte de crédit avait atteint le niveau DEFCON 1 (l'alerte maximale des forces Américaines), équivalente à un ennemi aux portes de la base. Il a appelé son créancier en invoquant son statut militaire stable et sa loyauté comme levier. Résultat : un taux ramené à 9 % et des frais gelés, économisant 300 $ / mois.

- **Augmentez vos revenus** — besoin de puissance de feu supplémentaire ? Travaillez plus, faites du covoiturage ou vendez en ligne peut vous fournir de l'appui feu et vous aider à accélérer le remboursement. J'ai moi-même livré de la nourriture thaïlandaise pour rembourser une carte de crédit. Période glorieuse ? Non, pas vraiment, mais efficace. Et du Pad Thai gratuit, ça se prend bien !
- **Demandez de l'aide professionnelle** — si la bombe de la dette est trop grosse, appelez les experts. SISIP propose des conseils financiers gratuits aux membres des FAC. Je les ai utilisés moi-même : ce sont les forces spéciales de la gestion de dette. Leurs conseils m'ont permis de renégocier des taux et de consolider mes prêts. Plus d'yeux sur le terrain, moins d'angles morts.

Rembourser ses dettes n'est ni facile ni rapide. C'est une avancée tactique sous pression, pas à pas, en neutralisant les menaces une par une. Mais une fois libre, vous célébrerez votre victoire : plus de moyens, plus d'autonomie, plus d'options pour vos prochaines missions.

La seule journée facile, c'était hier. Engagez le combat contre votre dette aujourd'hui, et votre avenir vous en sera reconnaissant.

L'Effet Cumulé du Café

Ah, les petits plaisirs ! Ces habitudes si douces qui savent si bien vous vider les poches en douceur ! Prenons le café, par exemple. Dans notre monde, c'est presque un accessoire de l'uniforme — et je tiens ma tasse bien haute, je suis complice à 100 %. Pour bien démarrer ma journée, il me faut ce parfum de grains fraîchement moulus. Il n'y a pas de meilleure façon d'affronter les problèmes du monde qu'avec une tasse de café en main. Rien n'est plus réconfortant que l'arôme des grains de café, un soupçon de coriandre et l'odeur chaleureuse des vieux livres. C'est mon havre de paix.

Oh, je vous vois ! On connaît tous ce déploiement stratégique : un CANEX, et hop, un Tim Horton à côté, voire carrément à l'intérieur. C'est un piège si doux. Après la paie, on se sent un peu plus riche, et cette petite indulgence semble si méritée. Moi, mon point faible, c'est le café McDo. Chaque matin, je vois la file s'allonger — une armée en quête de son « carburant d'or noir ». Et je suis souvent dans la rangée, ma pièce de deux dollars à la main.

Ce qui est drôle — enfin, si on peut dire — c'est comme quelque chose d'aussi petit peut, sans qu'on y prenne garde, devenir un vrai trou dans le budget. À la fin du mois, ces trois dollars par-ci, cinq dollars par-là, ils s'additionnent en silence. C'est l'effet cumulatif, mais à l'envers : de petites fuites qui, ensemble, peuvent vider le réservoir.

Qui d'autre est fidèle à son rituel-café ?

L'Histoire d'Amour Des FAC Avec le Café

Après des années à observer mes collègues et leurs habitudes caféinées (oui, je suis pratiquement devenu détective de la caféine), j'ai découvert des chiffres édifiants. Vous serez surpris de voir combien une personne peut dépenser rien que pour du café.

Au moment d'écrire ces lignes, le prix moyen d'un café moyen tourne autour de 2.50 $. En 2024, c'est à peu près le coût standard pour une tasse moyenne, mais dans les grandes villes canadiennes, le prix peut varier selon la marque et la région. Voici le bilan de situation :

- **Moyenne canadienne** : 2.29 $ à 2.50 $ pour un café de taille moyenne.
- **Grandes villes** : près de 3 $ pour un café spécialisé à Toronto, Vancouver ou Montréal. Ensuite, il y a Starbucks et les cafés indépendants qui facturent plus de 3 $, et encore plus pour un café spécialisé.
- **Calgary, Ottawa, Edmonton** : entre 2.50 $ à 3.50 $. Les tarifs sont légèrement plus bas.
- **Cafés indépendants** : Prix moyen de 3.50 $ à 5.00 $ pour un café moyen, selon l'emplacement et l'offre de spécialités.

Prenons notre fameux Caporal Bloggins (nom modifié pour préserver les mordus). Chaque jour ouvrable, il pointait avec un grand « deux laits, deux sucres ». En période de longs quarts ? Parfois deux tasses. Sans compter les beignes ou les boissons stimulantes. J'ai donc fait le calcul précis de cette routine. Concentrons-nous sur le café seulement. Vous allez voir que le bilan est foudroyant.

DÉPENSE MOYENNE EN CAFÉ		
PÉRIODE	TASSES DE CAFÉ	DÉPENSE TOTALE
SEMAINE	5 tasses	12.50 $
MOIS	20 tasses	50.00 $
ANNÉE	240 tasses	600.00 $

Comment une Simple Tasse de Café Peut Financer Votre Avenir

Vous vous demandez si renoncer à cette simple tasse à 2.50 $ peut-elle vraiment faire une différence ? Attachez-vous bien, parce que la réponse va vous frapper plus fort qu'un réveil avant l'aube. Oui, absolument ! Ce qui semble anodin, s'additionne en silence. Et quand on fait le calcul sur des mois, des années, les chiffres parlent d'eux-mêmes.

Le Tableau Mathématique du Café

Imaginez ceci : au lieu de dépenser 2.50 $ par jour pour un café, vous en sortez 50 $ par mois — parce qu'on va se le dire, la plupart d'entre nous ne s'arrêtent pas à une seule tasse.

Maintenant, prenez ces 50 $ et investissez-les chaque mois pendant 25 ans, avec un rendement annuel moyen de 8 %. Voici ce qui se passe sur le terrain :

- **Vos contributions totales** : 15,000 $ (soit 50 $ × 12 mois × 25 ans)
- **Les intérêts cumulés** : 32,918.33 $ (merci à la magie des intérêts composés)
- **Valeur totale après 25 ans** : 47,918.33 $

Tout ça avec un rendement moyen de 8 % sur votre tasse de café à 2.50 $. Oui, vos achats fréquents de café coûteux peuvent freiner la croissance de votre enrichissement sur le long terme.

LE FONDS D'INVESTISSEMENT DU TASSE DE CAFÉ				
ANNÉE	INVESTISSEMENT MENSUEL	CONTRIBUTION TOTAL	INTÉRÊTS CUMULÉS	VALEUR TOTAL
1	50 $	600 $	25 $	625 $
5	50 $	3,000 $	1,469 $	4,469 $
10	50 $	6,000 $	7,401 $	13,401 $
15	50 $	9,000 $	17,230 $	26,230 $
20	50 $	12,000 $	32,071 $	44,071 $
25	50 $	15,000 $	32,918 $	47,918 $

Remarque : Ce montant pourrait être encore plus élevé avec l'inflation ou la hausse des coûts.

Voici l'assaut final. Il ne s'agit pas seulement de votre tasse de café. Ce principe s'applique à toutes les petites dépenses récurrentes. Ce déjeuner à 10 $ quotidien ? Redirigé vers des placements sur 25 ans, il pourrait représenter plus de 287,000 $. Ce service d'abonnement inutilisé ? L'annuler pourrait injecter des milliers à votre patrimoine futur. Cette boisson énergisante ou ce grignotage impulsive ? Chaque achat équivaut à une renonciation à une croissance exponentielle. La prochaine fois que vous serez tenté, demandez-vous : « Est-ce que ce plaisir instantané vaut 48,000 $? » Car c'est potentiellement ce que vous sacrifiez sur l'autel de la gratification instantanée. Visez plus haut que la tasse. Visez la liberté.

Mon conseil de première ligne : allez-y progressivement. Pas besoin de tout supprimer d'un coup — ce serait décourageant, et on finit par craquer. Commencez par rediriger une partie de ces petites dépenses vers un compte d'investissement. Vous seriez surpris de voir à quelle vitesse ces petites contributions prennent de l'ampleur avec le temps. Bâtir sa richesse ne signifie pas se priver de tout. C'est faire des choix conscients — de petits sacrifices qui rapportent gros. Savourez votre boisson préférée — cette fois, peut-être faite maison — et transformez ces mini-fuites en un véritable investissement pour votre avenir. Parce qu'au final, c'est l'addition des petits gestes qui construit les grandes libertés.

La richesse ne se construit pas en renonçant à vivre, mais en repensant les petites choses. Préparez avec ruse. Dépensez avec intention. Avancez avec régularité.

COMPTE-RENDU APRÈS ACTION

- **Diversifiez vos sources de revenus pour accélérer votre enrichissement.** Le cadre de la Roue de la Richesse optimisera votre flux en argent en explorant diverses sources de revenus ou opportunités de perfectionnement.
- **Fixez des objectifs, épargnez et suivez vos progrès.** Définissez des objectifs financiers, épargnez autant que possible, établissez un budget détaillé et investissez ces économies judicieusement. Cette approche est essentielle pour constituer et croître votre richesse.
- **Créez un casernier financier sécurisé avant que la situation ne devienne critique.** Commencez par un fonds d'urgence modeste et développez-le progressivement. Automatisez votre épargne pour des résultats efficaces.
- **Dépensez avec intention pour éviter toute régression.** Surveillez chaque dollar, réduisez les dépenses discrétionnaires et évitez l'inflation du mode de vie. Priorisez ce qui apporte une réelle valeur et supprimez les distractions financières.
- **Attaquez-vous à la dette avec détermination avant qu'elle ne s'aggrave.** Concentrez-vous sur son élimination. Listez vos dettes, priorisez celles à taux d'intérêt élevé et appliquez la méthode « boule de neige » ou « avalanche ».

L'essentiel, en investissement,

est de maîtriser les fondamentaux.

JIM ROGERS

Un héritage pour mes enfants

CHAPITRE 3

RECONNAISSANCE COLLECTE DE RENSEIGNEMENTS SUR LES INVESTISSEMENTS

NOUS AVONS SOLIDIFIÉ nos bases dans les chapitres précédents. Maintenant, il est temps de passer à l'étape suivante : apprendre à investir avec confiance. Imaginez que vos finances sont désormais bien installées en base arrière. La prochaine mission, c'est de faire croître ce territoire. À vos carnets de campagne, soldats — ce sont des données précieuses à ne surtout pas manquer. Investir, ce n'est pas jeter de l'argent dans le vide et espérer. C'est déployer vos ressources avec intention, comme on envoie une patrouille bien équipée et bien informée. Fait avec réflexion et discipline, c'est l'un des moyens les plus puissants pour construire une sécurité financière qui dure — comme une mission réussie grâce à une préparation minutieuse.

Comprendre les différents types de placements, c'est comme étudier la carte avant le déploiement : cela vous donne une vision claire du terrain et vous oriente vers des décisions alignées avec vos objectifs financiers. Dans ce chapitre, nous allons examiner les éléments fondamentaux pour investir avec succès, notamment :

1 Comprendre le Terrain : Les Types d'Investissements
2 Évaluation des Risques : Votre Tolérance au Risque
3 Rester en Alerte : Comprendre le Paysage Financier

Êtes-vous prêts à déployer vos éclaireurs, à recueillir les renseignements, et à occuper le terrain ?

COMPRENDRE LE TERRAIN : LES TYPES D'INVESTISSEMENTS

Dans cette section, nous explorerons les options les plus courantes pour faire croître votre avenir financier et comprendre leurs mécanismes de base. Les voici :

- Actions
- Obligations
- Fonds Communs de Placement et FNB
- L'Immobilier

Actions : L'Offensive

Les actions représentent une part de propriété dans une compagnie, vous plaçant en première ligne de ses opérations financières. Quand vous en achetez, vous possédez un morceau de l'entreprise. Imaginez que vous plantez un chêne. Vous ne vous contentez pas de l'admirer : vous espérez qu'il grandisse, qu'il se renforce avec les années. C'est ça, la croissance du capital. Avec le temps, elle prend de la valeur, et votre part grandit avec elle. Et parfois, cet arbre vous offre des fruits : ce sont les dividendes. Des petits versements réguliers que l'entreprise peut vous distribuer quand elle se porte bien. Libre à vous de les savourer tout de suite ou de les replanter pour faire pousser d'autres arbres. C'est la magie des intérêts composés : vos gains produisent eux-mêmes des gains. Alors oui, les actions vous placent en première ligne — mais pas sans filet. C'est une aventure patiente, où l'on cible sur la croissance et où l'on peut parfois récolter en cours de route. Les actions peuvent offrir un potentiel de croissance important, mais attention : elles comportent aussi un risque accru. Leur valeur fluctue selon la performance de l'entreprise et les conditions du marché, un peu comme une mission qui peut changer selon de nouvelles informations. Voici deux principaux types d'actions :

1 **Actions Ordinaires** — elles donnent aux actionnaires le droit de vote et la possibilité de percevoir des dividendes (une part des bénéfices distribuée aux actionnaires).

2 **Actions Privilégiées** — elles n'offrent généralement pas de droit de vote, mais versent des dividendes fixes et donnent une priorité plus élevée sur les actifs en cas de liquidation (lors d'une faillite).

Voici les géants les plus importantes de l'indice S&P 500, ainsi que les entreprises les plus capitalisées en fonction de leur valeur boursière :

LES SOCIÉTÉS LES PLUS IMPORTANTES DE L'INDICE S&P 500

	ENTREPRISE (SECTEUR)	CAPITALISATION BOURSIÈRE	SYMBOLE
1	NVIDIA	2,940 $ milliards	NVDA
2	MICROSOFT	2,860 $ milliards	MSFT
3	APPLE	3,180 $ milliards	AAPL
4	TESLA	791 $ milliards	TSLA
5	AMAZON	2,090 $ milliards	AMZN
6	ALPHABET	2,000 $ milliards	GOOGL
7	META	1,530 $ milliards	META
8	UNITEDHEALTH	444 $ milliards	UNH
9	EXXON MOBIL	480 $ milliards	XOM

Mise à jour en date de février 2025

Ces actions représentent des géants américains qui influencent directement la performance du S&P 500 — l'indice qui regroupe les 500 plus grandes sociétés cotées aux États-Unis. En maîtrisant leur fonctionnement, leurs atouts et leurs zones de risque, vous serez en mesure de prendre des décisions éclairées, alignées sur vos objectifs financiers et votre appétit pour le risque.

Obligations : La Défensive

Les obligations sont vos unités de soutien, apportant stabilité et fiabilité. En investissant, vous prêtez de l'argent à un gouvernement ou une entreprise, et recevez des intérêts réguliers ainsi que le remboursement du capital à l'échéance. Plus sûres que les actions, elles offrent un revenu prévisible et équilibrent le risque de votre portefeuille. Voici les principaux types d'obligations :

1. **Obligations d'État** — émises par les gouvernements, elles sont souvent à faible risque. Par exemple, au Canada, les obligations du gouvernement fédéral sont garanties par l'État et considérées parmi les investissements les plus sûrs.
2. **Obligations Corporatives** — émises par des entreprises, elles comportent un risque plus élevé mais offrent un potentiel de rendement supérieur. La stabilité financière de l'émetteur influence le rendement : plus l'entreprise est stable, plus le rendement est faible ; plus elle est risquée, plus le rendement doit être attrayant pour séduire les investisseurs.

Intégrer des obligations à votre stratégie, c'est ajouter un élément de stabilité à votre portefeuille. Cela permet de réduire le risque global tout en assurant un revenu régulier et prévisible. Que vous optiez pour la sécurité des obligations d'État ou les rendements plus séduisants des obligations d'entreprise, comprendre ces instruments est essentiel pour bâtir un plan financier résilient et équilibré.

Fonds Communs de Placement et FNB : Opérations Conjointes

L'Équipe Tactique (Fonds Commun de Placement)

Les fonds communs réunissent l'argent de plusieurs investisseurs pour créer un portefeuille déjà diversifié. Cela réduit le risque en répartissant les placements et vous offre l'avantage d'une gestion professionnelle. C'est une solution pratique qui permet d'accéder à une large gamme d'actifs sans avoir à tout étudier soi-même en détail. Points clés :

1. **Diversification** — investir dans un mélange d'actifs réduit le risque, comme avoir différentes unités couvrant plusieurs secteurs du champ de bataille.
2. **Gestion** — pilotés par des professionnels, les fonds communs conviennent à ceux qui veulent se concentrer sur leur travail quotidien (soldat à temps plein !) sans gérer activement leurs investissements.

L'Opérateur Agile (FNB)

Enfin, les FNB (Fonds Négociés en Bourse) combinent le meilleur des deux mondes. Ils s'échangent comme des actions, en temps réel, tout en offrant la puissance d'un portefeuille diversifié, souvent avec des frais réduits. Une solution idéale pour le personnel en uniforme ou tout investisseur visant une approche rentable et adaptable sur une vaste gamme d'actifs. Ils constituent le point de départ idéal pour une diversification efficace, parfaits pour ceux dont la carrière implique des mutations fréquentes, un temps d'analyse limité, ou qui souhaitent conserver la main sur leurs décisions sans la complexité quotidienne.

Leur force majeure ? La variété. Les FNB peuvent cibler des indices (comme le S&P 500), des secteurs (technologie, santé), ou des matières premières (or, pétrole). Cela vous permet de prendre position sur des marchés entiers sans avoir à sélectionner des titres un par un, simplifiant ainsi votre stratégie et consolidant vos positions.

Les FNB offrent un moyen polyvalent et efficace de constituer un portefeuille diversifié, que vous visiez le marché général, un secteur spécifique ou les matières premières. Voici quelques exemples FNB :

- **XIU — iShares S&P/TSX 60 Index ETF** : suit les 60 plus grandes entreprises de la Bourse de Toronto.
- **VCN — Vanguard FTSE** : large FNB suivant toutes les capitalisations canadiennes.
- **ZEB — BMO** : exposition aux six plus grandes banques canadiennes.
- **XAW — iShares MSCI** : exposition aux actions mondiales hors Canada.
- **HAL — Horizons Canadian Dividend** : entreprises canadiennes avec un excellent historique de dividendes.

Collecter ces informations vous donne un avantage pour votre mission financière. En comprenant actions, obligations, fonds communs et FNB, vous pouvez élaborer une stratégie résiliente adaptée à vos objectifs et à votre mode de vie militaire. Armez-vous de ces connaissances pour naviguer le paysage économique avec confiance et précision.

L'Immobilier : Votre Bastion Financière

L'immobilier peut complètement transformer votre stratégie financière si vous y voyez plus loin que le mur du fond. Sur une carrière de 25 ans, chacune de vos affectations devient une opportunité tactique pour bâtir une richesse d'appoint. Que ce soit votre premier chez-vous ou un immeuble locatif, c'est un levier puissant pour poser des fondations financières aussi rigide que de la brique pour vous et celui de votre famille. Après un cycle typique de 4 à 5 ans — à peu près la durée d'une affectation — la valeur de votre propriété a de bonnes chances d'avoir pris de l'ampleur. Mais les vrais bénéfices vont bien au-delà du prix affiché. Voici pourquoi l'immobilier est un choix d'opérateur avisé pour les membres des FAC :

- **Appréciation de la propriété** — votre propriété prend généralement de la valeur avec le temps, un phénomène souvent accentué près des grandes bases militaires, où la demande est constante.
- **Cumul d'équité** — chaque versement hypothécaire vous rapproche du plein droit de propriété et constitue une épargne forcée.
- **Fierté personnelle** — posséder son logement, c'est offrir un point de repère stable et un sentiment d'appartenance profond à sa famille, malgré les déménagements. Cette

fierté d'avoir un chez-soi, un port d'attache qui résiste aux vents du changement, est une force incomparable pour un foyer militaire.

- **Revenu passif** — que vous choisissiez de louer une partie de votre propriété, de la mettre entièrement en location entre deux affectations pour du revenu passif, ou de la vendre au moment opportun, vous créez une source de revenus complémentaires.

Appréciation de la Propriété

En 2015, j'ai acheté ma première maison à Saint-Jean, au Nouveau-Brunswick, sans penser à la revendre pour un profit. Je voulais simplement un endroit à moi. Huit mois plus tard, je l'ai vendue 60 % plus cher que son prix d'achat. J'ai eu l'impression de gagner à la loterie — un point tournant dans mon parcours financier.

> Au milieu du chaos,
> il y a aussi des opportunités.
>
> **SUN TZU**
> *L'Art de la Guerre*

À l'époque, je traversais une séparation et vivre à une heure de mon travail devenait épuisant. Les trajets consommaient temps, énergie et argent. J'ai remarqué que les maisons de mon quartier se vendaient à des prix très élevés. Déclic ! J'ai planté mon panneau « À vendre ». La réponse a été quasi immédiate : trois jours plus tard, une offre à seulement

3,000 $ de mon prix demandé, et une semaine plus tard, l'affaire était conclue. Ce gain a radicalement changé ma perception de l'immobilier et des possibilités qu'il offre.

Leçon clé : le bon moment et les conditions du marché sont des facteurs à ne pas sous-estimer. Pour nous, les militaires, les périodes de mutation créent souvent une demande localisée autour des bases, présentant des fenêtres d'opportunité idéales pour vendre, si l'on est bien préparé.

Cette expérience m'a enseigné l'importance de surveiller le terrain économique, de rester agile et de passer à l'action lorsque la situation tactique est favorable. Ce n'était pas seulement une victoire financière : cela a transformé ma façon de penser. C'est une arme lourde pour bâtir votre sécurité financière — une stratégie parfaitement adaptée à notre réalité de vie : une vie de déploiements, de mutations, de changements de poste, un peu nomade en quelque sorte. Depuis, j'applique ce principe à chaque décision financière : rester informé, proactif et stratégique. C'est ce qui permet de transformer même les situations inattendues en véritables mines d'or.

Saisissez votre prochaine opportunité, soldat !

Cumul d'Équité

En tant que propriétaire, chaque mensualité hypothécaire accroît votre capital — votre part réelle dans le bien. C'est une forme d'épargne automatique qui travaille silencieusement en votre faveur. Avec le temps, cette stratégie déploie une puissance double : le remboursement régulier du capital et la hausse potentielle de la valeur marchande. Ensemble, ils font gonfler votre équité — votre trésor de guerre immobilier. Prenons un cas concret : un achat à 400,000 $ qui atteint 500,000 $. En plus de votre mise de fonds initiale et le capital déjà remboursé, vous pourriez forger jusqu'à 170,000 $ de capital propre. Une somme qui n'est pas un espoir, mais le fruit direct de votre discipline et du temps. Cette somme devient un levier financier stratégique. Employez ce levier pour consolider vos positions : acquérir une seconde propriété ou financer des améliorations. Vous gagnez ainsi en sécurité et en flexibilité — un avantage tactique inestimable pour naviguer les incertitudes des affectations.

Fierté Personnelle

Devenir propriétaire d'un terrain ou d'une maison est bien plus qu'un investissement : c'est une source de fierté profonde et le fondement d'un héritage. C'est le symbole concret de vos efforts et de votre réussite, qui offre une satisfaction unique. Pour beaucoup, une maison représente l'acquisition la plus importante de leur vie — et le sentiment d'accomplissement qui l'accompagne est comparable à celui d'avoir mené une mission à bien.

Pour les membres des FAC, cette quête se complique avec les mutations récurrentes. À moins de rester dans la même région toute votre carrière — une probabilité aussi faible que celle de retrouver un uniforme impeccable après des manœuvres en pleine boue — vous devrez probablement déménager tous les quatre ou cinq ans. Cette mobilité ne doit pas vous dissuader d'acheter, mais elle exige une approche stratégique, adaptée à votre parcours individuel.

Revenu Passif

Posséder un bien locatif, c'est un peu comme monter une garde-robe solide et fiable à l'arrière. Ça travaille pour vous en silence, générant un revenu régulier sans que vous ayez à y penser chaque matin. Les loyers arrivent, mois après mois, comme un ravitaillement financier constant qui comble les espaces entre vos autres efforts. Cela transforme quatre murs et un toit en une source de revenu presque autonome. Un pilier discret qui vient consolider, brique après brique, les fondations de votre sécurité pour les années à venir.

L'immobilier est un actif stratégique. Investir dans des zones à forte croissance près d'une base des FAC ou d'une communauté en plein développement peut faire grimper la valeur de votre bien. Les coûts d'entretien existent, mais ils restent faibles face aux gains potentiels.

L'avantage tactique ? Vous pouvez utiliser les capitaux propres pour financer de nouveaux investissements, lancer une entreprise ou concrétiser vos projets. Dans un marché porteur, l'immobilier devient votre point d'appui important, alliant la stabilité du terrain conquis au potentiel de croissance de vos positions. Qu'il s'agisse des loyers — votre revenu de soutien régulier — ou de la création de valeur à long terme, c'est une arme redoutable dans votre arsenal financier. Une fois la position sécurisée, elle travaille pour vous, même quand vous dormez.

Opportunité Pendant la Saison des Mutations

En 2020, le Caporal-chef (Cplc) Bougebeaucoup a acheté une maison pour 420,000 $, avec un apport initial de 20 % et un taux d'intérêt de 2.34 %. En revendant la propriété en 2023, il a réalisé un bénéfice d'environ 395,000 $. Après avoir déduit l'apport initial de 84,000 $, il s'est retrouvé avec plus de 311,000 $ nets en poche.

APPRÉCIATION EN VALEUR				
	2020	2021	2022	2023
PRIX	420,000 $			700,000 $
DÉPÔT	84,000 $			
BALANCE HYPOTHÉCAIRE (2.34 %)	336,000 $	325,130 $ (+12 mois)	315,715 $ (+24 mois)	305,213 $ (+36 mois)
Les valeurs et calculs sont fournies à titre d'illustration seulement				

Au début de votre carrière, acheter une maison peut sembler aussi périlleux que monter un camp dans un ouragan : à peine installé, de nouveaux ordres arrivent. Mais chaque mutation représente aussi une opportunité. Chaque vente peut augmenter votre nid de sécurité financière.

Pas encore persuadé ? Voici pourquoi l'immobilier est idéal pour les membres des FAC :

- **Mutations fréquentes = opportunités répétées** — chaque affectation permet d'acheter, vendre ou louer.
- **Revenu stable** — votre salaire des FAC, un atout majeur auprès des organismes de prêt.
- **Épargne forcée** — chaque versement hypothécaire augmente votre sécurité financière, et contribue à bâtir votre patrimoine.
- **Connaissance des marchés locaux** — vivre dans plusieurs régions vous donne un avantage stratégique. Vous apprenez à connaître les tendances de l'immobilier local.
- **Solutions de financement adaptées** — des institutions bancaires comme la Banque de Montréal (BMO) offrent des prêts conçus pour les militaires, facilitant l'obtention d'un prêt même en cas de mutations fréquentes.

- **Avantages fiscaux** — propriétaire, vous bénéficiez d'avantages fiscaux (déduction des intérêts hypothécaires et des taxes), un avantage adaptable à divers profils financiers.
- **Construction de sécurité financière à long terme** — la valeur peut croître avec le temps. Pour les militaires, c'est plus qu'un logement : c'est un levier pour créer de la richesse et garantir une indépendance financière après l'uniforme.
- **Bénéfices de déménagement avec les FAC** — acheter une maison en tant que militaire, c'est activer un avantage tactique exclusif. C'est votre passeport vers des économies substantielles. Dites adieu aux frais d'avocat — pour une économie immédiate de 1,000 $ ou plus. La plupart des autres frais de clôture ? Probablement pris en charge, ce qui représente plusieurs milliers de dollars préservés. Ça fait du bien, ce poids en moins dès le départ. Pour vraiment en profiter, un petit saut dans les directives officielles des FAC, adaptées à votre situation, fait toute la différence. C'est comme vérifier la météo avant une mission — simple, mais ça change tout. Vous passez ainsi du privilège sur papier à une vraie force financière.

ÉVALUATION DES RISQUES : VOTRE TOLÉRANCE AU RISQUE

> Le risque vient de
> ne pas savoir ce que l'on fait.
>
> **WARREN BUFFETT**

Déterminer votre tolérance au risque est essentiel pour choisir des investissements adaptés. Les actions peuvent fluctuer fortement selon l'économie, la performance des entreprises ou des événements mondiaux. Pendant la pandémie de COVID-19 entre 2020 et 2021, de nombreuses actions se sont effondrées, rappelant l'imprévisibilité des marchés. À l'image d'une mission militaire, il est important d'appréhender le terrain et tous les facteurs en jeu.

Votre horizon d'investissement compte aussi. Tel un soldat engagé dans une opération de longue haleine, vous devez être prêt à affronter des revers temporaires sans céder à la panique. De même, dans l'investissement, rester concentré sur l'objectif à long terme vous aidera à éviter la tentation de retirer vos fonds prématurément au mauvais moment. Les revers font partie du parcours, mais la mission continue. Patience, rigueur et stratégie sont vos alliées pour traverser un marché volatil et conquérir vos ambitions financières.

RESTEZ EN ALERTE : COMPRENDRE LE PAYSAGE FINANCIER

> La proximité du danger a cette capacité de vous faire sentir pleinement éveillé.
>
> **TIM O'BRIEN**
> *Les choses qu'ils ont emportées*

Engager une opération sans connaître le terrain, l'ennemi et votre mission serait une folie. L'investissement n'échappe pas à cette règle. Le renseignement financier et la maîtrise du paysage économique sont vos équipements de base : ils vous procurent les données vitales pour des décisions stratégiques cinglantes. Sans eux, vous avancez à l'aveugle dans le brouillard de guerre. Un risque inacceptable.

Le savoir, c'est votre meilleure arme. Et rester informé, c'est votre armure. Commencez simple : suivez quelques sources fiables, lisez un rapport d'entreprise de temps en temps, gardez un œil sur les grands indicateurs — taux d'intérêt, inflation, emploi. Considérez cela comme votre « reconnaissance du marché ». Ces outils vous permettent de naviguer dans le paysage financier, de repérer des opportunités et de renforcer vos compétences. Et franchement, c'est un excellent moyen d'animer les conversations.

Imaginez évoquer des analyses de marché lors d'un rassemblement social : soudain, vous devenez la personne la plus captivante de la pièce — pas seulement celle qui connaît chaque fait militaire par cœur. Et qui sait, ça pourrait même créer des liens inattendus. Des outils comme les filtres boursiers ou les apps d'investissement deviennent votre poste de commandement mobile. Ils vous aident à trier le bruit, repérer les tendances, et saisir ce qui compte. Mais attention : le monde financier est bruyant, entre titres sensationnalistes, enthousiasme excessif et opinions contradictoires. Rester ancré sur vos objectifs à long terme.

Je l'ai appris à mes dépens : j'ai un jour suivi un « conseil boursier tendance » sans faire de recherche et j'en ai payé le prix — littéralement. Cette erreur m'a enseigné la valeur de la discipline et de la fidélité à ma propre stratégie, aussi tentant soit-il de m'en écarter. Restez vif, restez informé, et regardez vos connaissances et vos opportunités se multiplier.

COMPTE-RENDU APRÈS ACTION

- **S'éduquer, s'informer sur les différentes possibilités d'investissement pour prendre des décisions éclairées.** Explorez les actions pour la croissance, les obligations pour la stabilité et l'immobilier pour des gains à long terme. Chaque option présente différents niveaux de risque, rendement et accessibilité.

- **Connaître vos limites financières est essentiel.** Choisissez des investissements adaptés à votre profil financier et à votre tolérance au risque. Sélectionnez des actifs en accord avec votre horizon temporel et vos objectifs.

- **Rester vigilant et attentif aux conditions du marché afin de prendre de meilleures décisions.** Surveillez les tendances, changements économiques, événements mondiaux et évolutions locales. Ces renseignements vous permettent d'ajuster vos stratégies de manière proactive.

La clé du succès est l'action,
et l'essentiel dans l'action
est la persévérance.

SUNIL MITTAL
Entrepreneur milliardaire

CHAPITRE 4

EXÉCUTION TACTIQUE DÉPLOIEMENT DE LA STRATÉGIE D'INVESTISSEMENT

DANS CETTE SECTION, nous retroussons les manches et nous passons enfin à l'action. Nous détaillerons les étapes concrètes pour lancer et exécuter votre stratégie d'investissement. Avant une mission, vous devez mettre en place votre poste de commandement, ce qui signific ouvrir les bons comptes d'investissement et déployer vos ressources (votre argent) de manière stratégique. Nous établirons un calendrier clair pour rester sur la bonne voie et soulignerons pourquoi il est indispensable de suivre les progrès et d'ajuster le tir en cours de route. Voici les cinq étapes clés pour mettre votre stratégie financière en mouvement :

1. Identifier un Poste de Commandement : Les Véhicules de Placement
2. Faire le Premier Pas : Ouvrir Vos Comptes d'Investissement
3. Allocation d'Actifs : Déployer Vos Ressources
4. Établir un Calendrier Tactique : La Campagne Financière
5. Surveillance des Opérations : Revue Régulière

Que ce soit en cotisant à un REER, en achetant des actions ou en explorant l'immobilier, chaque mouvement augmente votre puissance financière. Le but ? Faire travailler votre argent aussi dur que vous, transformant vos dollars en un allié fidèle.

Prêt à passer à l'action ?

IDENTIFIER UN POSTE DE COMMANDEMENT : VÉHICULES DE PLACEMENT

L'expert financier Peter Lynch l'a dit le mieux :

> Ce n'est pas seulement combien vous gagnez, mais combien vous épargnez et investissez qui façonne votre prospérité future.

Investir, c'est une opération financière majeure : cela exige un plan, une stratégie claire et la souplesse de s'adapter quand le terrain change. Pour nous, la mission primordiale est d'affecter votre épargne avec discernement. Cela signifie déployer vos ressources dans les véhicules qui vous conviennent le mieux — que ce soit le CELI, le REER ou un compte de courtage — pour garantir le succès de votre offensive. Aucune campagne ne démarre sans une base arrière bien sécurisée. Votre socle financier

— votre poste de commandement — joue exactement ce rôle. C'est de là que vous orchestrez toutes vos manœuvres. La première étape concrète est donc de choisir vos « enceintes de combat », les structures qui protégeront et feront fructifier votre richesse. Faire ce choix de façon éclairée transforme chaque dollar en un soldat discipliné, assurant à vos efforts une croissance à la fois régulière et maîtrisée, entièrement au service de votre objectif final.

Servir son pays est un parcours unique, avec ses défis financiers particuliers — les déploiements, les déménagements fréquents, un budget familial qui doit sans cesse se réadapter. Dans ce contexte, choisir les bons comptes d'investissement, c'est comme sélectionner le bon équipement avant une mission : ça fait toute la différence. Voici une sélection pensée pour votre réalité, pour vous aider à épargner avec méthode, même quand le quotidien est en mouvement. L'objectif ? Investir avec justesse, et donner à chaque dollar un rôle précis, pour bâtir votre richesse avec la même rigueur qu'une opération planifiée :

A CELI
B REER
C Comptes de Courtage (Comptes non-enregistrés)
D CELIAPP

Véhicules de Placement

A. CELI

Le CELI représente une pièce maîtresse pour tout militaire souhaitant croître leur richesse à l'abri de la fiscalité. En effet ! Il vous permet de faire prospérer votre argent en toute immunité fiscale, consolidant ainsi vos positions pour les années à venir. Tous les fruits de vos placements — que ce soit les intérêts, les dividendes ou les gains en capital — y sont intégralement préservés. C'est une fondation exceptionnelle pour bâtir.

Pour certains militaires, le CELI est considéré comme un véhicule tactique de premier ordre. Sa souplesse opérationnelle et sa protection fiscale absolue en font un atout unique. Que votre mission soit de financer un projet familial à court terme ou de bâtir méthodiquement les fondations de votre retraite, le CELI se révèle l'enceinte idéale. Il vous permet d'avancer vos pions en toute sécurité, à votre rythme, à l'abri de l'impôt sur les gains — une liberté stratégique inestimable pour tout planificateur financier.

PLAFONDS DE COTISATION AU CELI

ANNÉE	PLAFOND ANNUEL	PLAFOND CUMULATIF
2009 à 2012	5,000 $	20,000 $
2013 à 2014	5,500 $	31,000 $
2015	10,000 $	41,000 $
2016 à 2018	5,500 $	57,500 $
2019 à 2022	6,000 $	81,500 $
2023	6,500 $	88,000 $
2024 à 2025	7,000 $	102,000 $

Gouvernement du Canada — Plafond de cotisation au CELI

B. REER

Le REER est votre partenaire stratégique pour la retraite. Son premier avantage est direct : chaque cotisation réduit votre revenu imposable, allégeant votre facture fiscale sur-le-champ — un levier précieux pour le personnel militaire.

Son deuxième atout est la croissance protégée : votre épargne y prospère à l'abri de l'impôt jusqu'à son retrait. Une fois à la retraite, avec des revenus généralement plus bas, vous pourrez effectuer des retraits planifiés, taxés à un taux moindre. Ce report fiscal intelligent maximise vos rendements nets et préserve un capital plus important, formant ainsi un complément de revenu essentiel pour le futur. En somme, le REER vous offre un avantage fiscal immédiat, fait croître votre épargne en zone sécurisée, et sert de revenu complémentaire planifié pour vos années de retraite.

C. Comptes de Courtage (Comptes non-enregistrés)

Les comptes de courtage, c'est un peu comme le terrain d'entraînement libre : pas de plafond à respecter, pas de limites de retrait. Pour les familles militaires, dont la vie peut changer d'affectation en affectation, c'est un outil pratique pour accéder à vos économies rapidement ou investir exactement comme vous l'entendez. Vous pouvez y détenir des actions, des obligations, des FNB ou des fonds communs, ce qui vous donne de multiples façons de faire croître votre richesse, sans les contraintes des autres comptes.

Mais il y a un détail clé à retenir : contrairement au CELI ou au REER, l'impôt sur les gains en capital ne s'applique que lorsque vous décidez de vendre vos placements. Ces gains viennent alors s'ajouter à votre revenu imposable. Une stratégie réfléchie vous aidera donc à maximiser vos profits et à garder plus d'argent dans votre poche.

D. CELIAPP

Introduit en 2023, le CELIAPP aussi connu sous le compte d'Épargne Libre d'Impôt pour l'Achat d'une Première Propriété, est parfait pour ceux qui rêvent d'acheter leur première maison. Il combine deux forces importantes : la croissance des placements sans impôt, comme dans un CELI, et la possibilité de déduire vos cotisations, comme dans un REER. Ce mélange d'avantages en fait un outil très attrayant pour bâtir rapidement votre mise de fonds.

Et ce n'est pas tout : lorsque l'argent sert vraiment à l'achat de votre première propriété, vos cotisations et les revenus obtenus restent entièrement non imposables. Vous conservez donc davantage d'épargne pour ce moment clé. Gardez toutefois à l'esprit que, comme tout investissement, la valeur du CELIAPP peut changer rapidement ; il est donc essentiel de bien analyser votre situation avant d'y adhérer.

Faites Travailler Vos Outils Pour Vous

Mettez maintenant vos comptes en service. Une fois vos véhicules de placement sélectionnés, activez votre stratégie. Diversifiez vos avoirs en les répartissant sur plusieurs catégories d'actifs pour atténuer les risques et veillez à ce que chaque compte serve un rôle précis dans votre planification à long terme. Maintenez une surveillance régulière, car un investissement, comme tout système critique, exige des vérifications périodiques. Établir votre quartier général (QG) financier ne se résume pas au choix initial des comptes ; cela implique un minimum de gestion active et une préparation constante à toute éventualité du marché.

> Un objectif sans plan n'est qu'un vœu.
>
> **ANTOINE DE SAINT-EXUPÉRY**

FAIRE LE PREMIER PAS : OUVRIR VOS COMPTES D'INVESTISSEMENT

Ah, ce premier mouvement ! C'est puissant, mais parfois on tourne en rond. Établir son poste de commandement financier — ouvrir ces comptes — c'est le moment où l'intention devient action. Le moment où on reprend vraiment le volant. Et pourtant. Combien de fois je me suis dit « la semaine prochaine » ? Des notes de rappels partout, des onglets ouverts, des dossiers « à faire » et puis, rien. Toujours « bientôt ». La semaine prochaine sera mieux, plus calme, plus claire. La procrastination à son meilleur.

Puis, j'ai finalement tiré sur la gâchette. Et tout a changé. Comme si on débloquait un niveau dans la vie, les opportunités sont devenues claires. Plus d'hésitation, plus d'excuses. Avec le recul, je me dis : « J'ai vraiment attendu toutes ces années ? » J'ai marqué le pas pendant tout ce temps pour attendre quoi ? Le moment parfait ? Il n'existe pas. Le moment parfait, c'est aujourd'hui. Faites ce premier pas et le reste suivra. C'est comme établir votre propre champ de bataille financier : une fois déployé, vous menez le combat. Le seul obstacle, c'est votre hésitation. Le terrain devient toujours plus clair après ce premier pas dans le brouillard.

Choisir Vos Postes de Commande Financiers

Pour commencer à accroître votre richesse, vous devez disposer des bons comptes que nous avons déjà examinés. Chacun remplit un rôle spécifique, à l'image des différents corps de métier lors d'une opération. Voici comment vous lancer, concrètement :

Étape 1 : Choisir un Établissement Financier

Une fois votre type de compte déterminé, sélectionnez l'institution qui l'hébergera. Banque traditionnelle ou courtier en ligne ? L'important est qu'elle propose le compte désiré, avec des frais modestes, un accès facile à vos placements et un service à la clientèle efficace.

Étape 2 : Compléter le Processus de Demande

Ouvrir un compte de placement signifie généralement remplir un formulaire de demande et fournir votre nom, adresse, numéro d'assurance sociale (NAS), informations professionnelles et une pièce d'identité. Ils voudront probablement un document comme un permis de conduire ou tout autre justificatif pour confirmer votre identité.

Pour être franc, remplir des formulaires est à peu près aussi passionnant que de nettoyer son arme sale. C'est la version bureaucratique d'une retraite tactique. Imaginez une marche de vingt kilomètres avec un sac lourd : ce n'est pas agréable sur le moment, mais vous vous sentez champion une fois que c'est terminé. Bien sûr, ce n'est pas aussi palpitant que les tâches administratives avant une grande affectation comme celui à l'étranger (OUTCAN), mais faites-le. Une fois complétée, la vraie aventure commence.

Étape 3 : Alimenter le Compte

Votre compte est ouvert ? Il faut maintenant l'alimenter. Pour un CELI ou un REER, un dépôt initial ou des versements automatiques sont parfaits. Pour les membres des FAC, une retenue à la source sur votre solde est la technique imparable pour cotiser sans même y penser. Même de petits montants réguliers, avec le temps, ont un impact bien plus grand qu'on ne l'imagine. C'est là que ça devient concret : voir son capital prendre vie.

Étape 4 : Commencer à Investir

Votre compte est approvisionné ? Il est temps de mettre votre argent en mouvement, comme on déploie des troupes sur le terrain. C'est ici que votre stratégie d'investissement entre en jeu. Si vous débutez, avancez progressivement, comme une recrue tout juste sortie de l'instruction de base. Vous pourriez envisager des placements à faible risque comme les fonds indiciels ou les FNB. Des décisions fiables qui servent de point d'ancrage, sans vous exposer prématurément au feu des marchés volatils.

Une fois que vous avez les bottes dans la boue et vos repères, vous pouvez manœuvrer vers des territoires plus pointus et vous diversifier vers des actions ou obligations individuelles. L'idée est simple : commencez petit, dispersez vos forces pour contourner le risque et vous installer pour une longue campagne. Aller à son rythme évite l'épuisement prématuré. Débutez lentement et augmentez progressivement votre exposition à mesure que vous gagnez en expérience. Ne vous sentez pas obligé de suivre le calendrier de quelqu'un d'autre. Ce qui fonctionne pour eux peut ne pas correspondre à votre mission. La réussite financière est un marathon, pas un sprint. Restez concentré sur vos objectifs, adaptez-vous si nécessaire et laissez votre plan évoluer avec votre aisance en matière d'investissement.

Étape 5 : Surveiller et Ajuster

Comme sur le terrain, rester flexible et savoir s'adapter fait toute la différence. Révisez vos comptes, suivez vos placements et ajustez-les selon vos objectifs, votre tolérance au risque et les mouvements du marché. Pour les militaires, cette vigilance est encore plus importante face aux affectations fréquentes et aux revenus parfois variables. Commencez petit, mais faites-le régulièrement :

cotisez à votre CELI ou votre REER chaque mois. Ces efforts constants, soutenus par l'effet des intérêts composés, permettront à votre richesse de croître et de gagner du terrain avec le temps.

ALLOCATION D'ACTIFS : DÉPLOYER VOS RESSOURCES

Investir intelligemment, ce n'est pas concentrer toutes vos troupes sur une seule colline. C'est plutôt une manœuvre d'allocation stratégique : répartir vos ressources, votre logistique et votre puissance de feu sur plusieurs fronts pour maximiser vos gains tout en protégeant vos arrières. Ce principe opérationnel trouve un écho parfait dans vos finances. L'allocation d'actifs, c'est le fait de diviser votre capital entre différentes classes de placements — actions, obligations, fonds immobiliers, et autres. Le but ? Favoriser la croissance de votre nid de richesse personnel tout en atténuant les risques. En somme, c'est la version financière d'une opération interarmées parfaitement coordonnée.

Les Bases de l'Allocation d'Actifs

Quand vous vous lancez dans l'investissement, une question se pose : comment répartir vos ressources ? Comme pour établir un périmètre de défense, vous ne concentrez pas tout au même endroit. Vous dispersez vos forces pour couvrir plusieurs axes. Si un secteur est touché, vos autres positions restent protégées. Voici mon point de vue :

Actions

Ah, la jeunesse ! C'est avoir un atout que personne ne peut vous donner : le temps. Investir aujourd'hui dans une entreprise qui grandit, c'est comme planter un arbre dont vous pourrez profiter dans vingt-cinq ans. Un bon choix maintenant peut s'épanouir bien plus tard. Les actions, c'est votre première ligne : rapides, puissantes, capables de beaux retours. Mais attention, elles ont leurs sautes d'humeur. L'équilibre est clé : dosez-les selon votre appétit pour le risque. Quand la retraite se rapproche, ou si vous préférez la tranquillité, on consolide. On réduit l'exposition, on mise davantage sur des actifs stables — dividendes réguliers, obligations sûres. L'objectif ? Protéger ce que vous avez bâti, et avancer sereinement vers votre prochain chapitre.

Obligations

Les obligations, c'est votre unité de soutien, les troupes qui ne reculent pas. Elles ne font pas de bruit, ne font pas la une. Mais elles sont là, fiable, payant régulièrement. Elles stabilisent tout l'édifice. C'est votre réserve stratégique — l'équipe qui sécurise le terrain en cas de coup dur sur les marchés. Pas très glamour, non. Mais c'est ce qui vous permet de dormir la nuit. Plus le temps passe, plus leur rôle est vital : elles protègent ce que vous avez bâti, offrent un revenu prévisible, et vous aident à rester calme, même quand tout semble trembler autour de vous. Elles sont le ciment de votre stratégie.

L'Immobilier

Imaginez l'immobilier comme votre QG, bien ancré dans le sol. C'est un engagement : il demande un effort au départ et un entretien régulier. Mais c'est aussi un actif qui prend de la valeur avec le temps. Pour les membres des FAC, souvent en mouvement, devenir propriétaire, c'est plus qu'un achat — c'est établir un avant-poste dans un secteur porteur. Vous construisez quelque chose qui prend de la valeur, année après année. Et en plus, ça devient une base tangible, un repère pour votre famille ou pour votre vie après le service.

Son vrai super-pouvoir ? Le revenu passif. Une fois loué, votre propriété travaille pour vous. Elle génère un retour régulier, comme une ligne d'approvisionnement financière qui ne s'arrête pas. À ce stade, ce n'est plus juste un bien — c'est un générateur de revenus, un pilier sur lequel votre avenir peut s'appuyer.

Voilà les principaux fronts d'investissement — une bonne base éprouvée. Maintenant, si vous le voulez bien, je vous invite à passer au cran supérieur. Laissez-moi vous partager mon propre regard sur l'investissement, forgé sur mon terrain et au fil de mes propres manœuvres financières.

Mon Allocation d'Actifs Personnelle

L'Approche Multi-Unités

Soyons clairs ! Je ne suis pas du genre à tout placer sur des actions à haut risque ou à essayer de deviner le marché comme si je désamorçais une bombe. Pour moi, tout est question d'équilibre. Ma stratégie ressemble à une unité bien entraînée : des troupes agressives (actions, y compris celles versant des dividendes) mènent l'assaut, des renforts stables (obligations et fonds indiciels) tiennent la ligne, et une base fortifiée (l'immobilier) assure la croissance à long terme. Il y a quelques années, j'ai investi dans quelques fonds indiciels et FNB, l'infanterie du monde de l'investissement : diversifiés, à faible coût et conçus pour une croissance régulière. Mais je n'y ai pas mis tout mon capital. J'avais aussi acquis une propriété dans une ville où je savais que la demande de logements était stable. Ce n'est pas une opération à haute vitesse et haute récompense, mais elle a généré des rendements constants et m'a fourni une réserve de liquidités en cas de ralentissement des marchés.

Mon Affection Pour les Actions à Dividendes

Au fil des ans, je suis devenu un grand admirateur des actions à dividendes. Ce ne sont pas ces investissements spectaculaires et à haut risque dont parlent les gros titres financiers. Oh, que non ! Ce sont les soldats fiables et sérieux qui se présentent chaque mois, font leur travail et vous laissent quelque chose de concret en retour. Ce sont mes « opérateurs de terrain » financiers : constants, dignes de confiance et toujours ponctuels pour fournir des renseignements réguliers. Je tenais à vous expliquer pourquoi je les vois comme un outil si puissant. Elles sont simples, prévisibles et honnêtement, l'une des tactiques les plus efficaces qui soient. Cette stratégie a fait ses preuves pour moi, et elle pourrait bien être votre alliée. Elles ne relèvent pas d'une science complexe : les actions à dividendes sont d'une praticité absolue !

La Puissance Silencieuse de la Croissance à Long Terme

Détenir des actions d'entreprises établies comme Coca-Cola ou TELUS, c'est bénéficier d'un ravitaillement financier régulier. Pas de surprise, juste un revenu stable. Comment je les choisis ? Voici les trois critères qui valident ma sélection :

- ✓ **Antécédents** — je cible des compagnies qui versent un dividende sans interruption depuis des années, comme les grandes banques canadiennes (Banque Royale, Bell). Ce sont des vétérans du marché : stables, fiables et éprouvés.
- ✓ **Croissance des Dividendes** — je privilégie les entreprises qui augmentent régulièrement leurs dividendes. Fortis, par exemple, relève son dividende annuellement depuis plus de 40 ans. Cette progression constante est un gage de santé précieux.
- ✓ **Taux de Distribution** — je vise un ratio de distribution raisonnable (50-60 %). Une entreprise ne doit pas dépasser sa capacité logistique et mettre en péril ses versements futurs.

Les actions à dividendes sont mon peloton de fidélité. Elles assurent un ravitaillement régulier et prévisible pour les troupes de mon portefeuille, quel que soit le temps sur les marchés. Quand la volatilité frappe et que les valeurs spéculatives battent en retraite, ces entreprises, elles, tiennent leurs positions. Elles forment l'épine dorsale de ma stratégie : stables, fiables, et capitalisant sur la puissance des rendements composés. C'est comme avoir une section de vétérans qui maintiennent la cohésion et l'avancée du front, même sous les rafales. Les entreprises avec une longue histoire de versements — on les appelle les « Aristocrates des dividendes ». Ils sont en quelque sorte les officiers décorés du monde financier. Elles ont prouvé qu'elles pouvaient performer sous pression et récompenser leurs actionnaires, année après année, mandat après mandat.

Mon approche tient en un mot : l'équilibre. Toutefois, je tiens à préciser que je consacre une grande partie de mon portefeuille aux actions à dividendes pour un revenu stable, tout en gardant de la place pour des opportunités de croissance. Il ne s'agit pas de courir après la prochaine tendance, mais de construire un portefeuille résilient, capable de traverser toutes les tempêtes économiques. Quand je choisis des actions à dividendes, je me concentre sur :

- Des entreprises fiables avec un historique de versements constants.
- La croissance et la stabilité du dividende.
- Le réinvestissement des dividendes pour laisser la capitalisation faire son œuvre.
- La diversification sectorielle pour limiter la volatilité.

C'est une marche lente et régulière, sans effets spectaculaires, juste une discipline appliquée sur la durée. Ces dividendes sont mes unités d'élite ; ils fournissent un revenu passif qui s'accumule et se renforce de lui-même. L'accumulation constante mène à des rendements significatifs.

Alors, à vous de jouer, soldat ! Le terrain vous attend.

Voici quelques-unes des grandes banques canadiennes reconnues pour leurs dividendes réguliers :

- Banque Royale du Canada (RY)
- Banque Toronto-Dominion (TD)
- Banque de Nouvelle-Écosse (BNS)
- Banque de Montréal (BMO)
- Banque Nationale du Canada (NA)

Les grandes banques canadiennes possèdent un historique inégalé de versements de dividendes stables et constants. Elles représentent ainsi un point d'ancrage idéal pour qui souhaite édifier un portefeuille diversifié, axé sur la génération de revenus récurrents.

BANQUE CANADIENNES			
BANQUE	RENDEMENT ANNUEL	INVESTISSEMENT	DIVIDENDE ANNUEL
RY	3.40 %	10,000 $	340 $
TD	5.05 %	10,000 $	505 $
BNS	5.76 %	10,000 $	576 $
BMO	4.44 %	10,000 $	444 $
CM	4.28 %	10,000 $	428 $
NA	4.20 %	10,000 $	420 $

Données au 1er janvier 2025

Au-delà des banques, de nombreuses compagnies performantes versent des dividendes réguliers et offrent une constance remarquable. Voici quelques piliers éprouvés à considérer pour leur engagement :

- Telus Communications (T)
- Manuvie (MFC)
- Enbridge (ENB)
- Bell Communications (BCE)

ENTREPRISES CANADIENNES ET LEURS DIVIDENDES					
ENTRE-PRISE	RENDEMENT ANNUEL	PRIX DE L'ACTION	ACTION	INVESTISSE-MENT	DIVIDENDE ANNUEL
T	8.17 %	21.08 $	6,640	140,000 $	11,425 $
MFC	3.74 %	29.91 $	1,672	50,000 $	1,872 $
ENB	5.96 %	43.24 $	1,158	50,000 $	2,982 $
BCE	12.32 %	34.61 $	2,888	100,000 $	12,301 $
				Retour Annuel	≈ 28,580 $

Données au 31 janvier 2025. Les rendements peuvent varier. Information fournie à titre éducatif seulement. Consultez des données à jour avant toute décision.

De nombreuses grandes entreprises américaines versent des dividendes constants années après années, ce qui en fait des choix de préférence pour constituer un portefeuille axé sur les revenus. En voici quelques-unes à considérer :

- Altria Group (MO)
- Exxon Mobil Corp (XOM)
- 3M (MMM)
- Coca-Cola (KO)

ENTREPRISES AMÉRICAINES ET LEURS DIVIDENDES					
ENTRE-PRISE	RENDEMENT ANNUEL	PRIX DE L'ACTION	ACTION	INVESTISSE-MENT	DIVIDENDE ANNUEL
MO	6.93 %	52.23 $	400	20,892 $	1,447.80 $
XOM	3.65 %	106.54 $	100	10,654 $	389.89 $
MMM	1.94 %	149.63 $	100	14,963 $	290.29 $
KO	2.95 %	63.48 $	100	6,348 $	187.27 $
				Retour Annuel	≈ 2,315.25 $

Données au 31 janvier 2025. Les rendements peuvent varier. Information fournie à titre éducatif seulement. Consultez des données à jour avant toute décision.

Construire Une Richesse Grâce au Revenu Résidentiel

Et si l'on abordait l'immobilier sous un nouvel angle ? Non pas seulement comme un toit, mais comme un partenaire silencieux qui accroît votre richesse. Prenez ce scénario : votre premier achat a lieu à Petawawa. Survient ensuite votre nouvelle affectation à Cold Lake. Un choix s'offre à vous : vendre ou faire de ce premier foyer une source de revenus en le louant. Cette décision place un allié précieux sur l'échiquier financier. En répétant cette manœuvre à chaque nouvelle affectation, vous pourriez, le jour de votre libération, détenir un parc immobilier diversifié. Chaque propriété devient alors un pilier supplémentaire de votre stabilité économique.

Le Propriétaire Immobilier

Laissez-moi vous parler de Gary, un ami et ancien militaire qui a transformé sa vie grâce à l'immobilier. Lors de son passage à Petawawa, il a acheté un duplex. Il a vécu dans une portion et a loué l'autre. Résultat : son paiement hypothécaire était couvert, et il encaissait même un petit revenu mensuel supplémentaire. Avec le temps, la valeur de son immeuble a grimpé, doublant presque. Gary a utilisé ce capital pour acheter la maison dont il rêvait tout en gardant son duplex comme investissement. Mais son ambition ne s'est pas arrêtée là. Fort de cette première victoire, il a acquis trois autres propriétés, toutes occupées par de bons locataires. Sa proximité avec la base a simplifié la gestion : le personnel en mutation et leurs familles constituent une clientèle de choix et fidèle.

Aujourd'hui, ce patrimoine immobilier fonctionne comme une véritable entreprise, produisant des rentrées d'argent régulières. Cela lui permet, avec son épouse Lianne, de couler une retraite paisible dans leur chalet de rêve. L'histoire de Gary illustre parfaitement comment l'immobilier peut transformer votre parcours financier. Il ne s'agit pas seulement d'acheter une maison ; il s'agit de créer un actif stratégique qui travaille pour vous, prend de la valeur et ouvre la voie à de nouvelles opportunités. Que vous soyez près d'une base ou dans une communauté en expansion, l'immobilier peut devenir votre chemin vers la liberté financière de façon inattendue.

Bien sûr, il convient de noter que la propriété immobilière, personnelle ou d'investissement, implique des engagements et une exposition au risque. Les coûts de maintenance, les taxes, marché parfois imprévisible sont à intégrer dans votre plan. Avant de vous engager, examinez avec soin votre profil financier et vos rêves à long terme. Assurez-vous que cette aventure résonne avec votre propre projet de vie.

Acquisition d'un Bien Immobilier

Il n'y a pas de raccourci ici. À moins d'hériter d'une grosse somme ou d'avoir des parents généreux prêts à vous prêter de l'argent, il faudra de la patience pour épargner la mise de fonds et couvrir les autres coûts liés à l'achat d'une maison. Cela peut prendre des mois, voire des années, selon votre situation financière. Une façon simple de commencer ?

Mettre de l'argent de côté régulièrement. Pour les Canadiens, il existe une option intelligente pour épargner tout en bénéficiant d'avantages fiscaux : le CELIAPP.

Le CELIAPP

Lancé en avril 2023, le CELIAPP est un outil novateur pour l'accession à la propriété au Canada. Il fusionne les avantages principaux de deux régimes connus : la cotisation déductible d'impôt (comme un REER), et la croissance à l'abri de l'impôt (comme un CELI).

Avec la hausse rapide des prix de l'immobilier, épargner une mise de fonds de 20 % peut sembler impossible aujourd'hui, un sentiment que connaissent bien les familles militaires aux prises avec l'inflation. Grâce au CELIAPP, votre épargne croît à l'abri de l'impôt jusqu'au moment d'acheter. Vous constituez votre mise de fonds de façon stratégique, vos investissements travaillent pour vous, les cotisations inutilisées se reportent, et vous pouvez faire fructifier votre argent en choisissant des actions ou d'autres produits financiers.

Mais attention : investir comporte des risques. La volatilité des marchés pourrait réduire vos gains. Il est donc sage de consulter un expert financier pour comprendre votre tolérance au risque et choisir la stratégie adaptée à ce type de compte. Pour retirer les fonds sans impôt, vous devez être un acheteur pour la première fois. Si vous avez déjà été propriétaire, il faut attendre au moins quatre années civiles consécutives sans posséder de résidence principale pour être admissible.

Le facteur déterminant ? Si vous songez à acheter une maison, ouvrir un CELIAPP et y commencer vos cotisations dès aujourd'hui pourrait être l'une des décisions financières les plus pertinentes. Il s'agit d'un des dispositifs les plus efficaces pour accumuler un apport, surtout face aux défis du marché présent.

LIMITES DES COTISATIONS AU CELIAPP		
ANNÉE	LIMITE ANNUELLE	LIMITE TOTAL
2023	8,000 $	8,000 $
2024	8,000 $	16,000 $
2025	8,000 $	24,000 $
2026	8,000 $	32,000 $
2027	8,000 $	40,000 $

Prenons un scénario : vous cotisez 3,000 $ cette année. Votre droit inutilisé de 5,000 $ (sur 8,000 $) n'est pas perdu ; il s'ajoute à vos droits futurs, jusqu'au plafond global. Ce report vous permet de constituer un droit de cotisation pouvant atteindre 24,000 $ en 2025, et le plafond de 40,000 $ en 2027. Comme dans un CELI, les fonds de votre CELIAPP peuvent être placés en bourse ou ailleurs pour tenter de les faire croître, mais gardez à l'esprit que la volatilité des marchés peut réduire votre capital au moment du retrait. Il est donc sage de consulter un expert financier pour guider vos choix selon votre tolérance au risque et votre horizon d'investissement. Pour retirer les fonds sans impôt, vous devez être un acheteur d'une première propriété. Si vous n'avez jamais été propriétaire, vous êtes automatiquement admissible. Si vous avez déjà possédé une maison, il faut attendre au moins quatre années civiles consécutives sans propriété pour redevenir admissible.

Important à savoir : si vous possédez un immeuble locatif dans lequel vous n'avez jamais vécu, vous pouvez généralement être admissible au CELIAPP, car la condition de « premier achat » s'applique uniquement à la propriété que vous comptez habiter.

Durée Minimale de Détention Pour un CELIAPP ?
Aucune. Vous êtes libre de retirer les fonds quand bon vous semble, pourvu que ce soit dans le cadre d'un achat admissible d'une première maison. Pour ceux qui prévoient un achat prochainement, le CELIAPP constitue un véritable levier fiscal à court terme.

- Il diminue le montant de votre revenu assujetti à l'impôt pour l'année.
- Chaque cotisation ouvre droit à une déduction fiscale, parfois même à un remboursement.
- Le retrait est exempté de toute imposition.
- Les impôts ainsi épargnés viennent directement gonfler votre budget d'achat.
- Vous bénéficiez pleinement de l'allègement fiscal et avez un accès direct à votre capital.

Décomposons cela, en supposant les éléments suivants :

- Revenu annuel : 100,000 $
- Cotisation CELIAPP : 16,000 $ (8,000 $ en 2023 + 8,000 $ en 2024)
- Les cotisations doivent être effectuées entre le 1er janvier et le 31 décembre pour être admissibles à la déduction fiscale pour l'année suivante.
- Revenu imposable ajusté : 100,000 $ - 16,000 $ = 84,000 $
- Résident de : Ontario
- Autres déductions ou crédits : aucun

SANS COTISATION VS. AVEC COTISATION CELIAPP		
ANNÉE D'IMPOSITION : 2024–2025 (ONTARIO)	**SANS COTISATION REVENU IMPOSABLE = 100,000 $**	**AVEC COTISATION DE 16,000 $ REVENU IMPOSABLE = 84,000 $**
Impôt Fédéral : 15 % sur les Premiers 55,867 $	$8,380.05	$8,380.05
Impôt Fédéral : 20.5 % sur le Reste	9,053.17 $ (sur 44,133 $)	5,776.27 $ (sur 28,133 $)
Total Impôt Fédéral	17,433.22 $	14,156.32 $
Impôt Ontario : 5.05 % sur les Premiers 51,446 $	2,598.02 $	2,598.02 $
Impôt Ontario : 9.15 % sur le reste	4,441.60 $ (sur 48,554 $)	2,978.55 $ (sur 32,554 $)
Total Impôt Provincial	7,039.62 $	5,576.57 $
Impôt Total (Fédéral + Provincial)	24,472.84 $	19,732.89 $
Économie d'Impôt Grâce à la Cotisation CELIAPP de 16,000 $	–	4,739.95 $

Résultat financier : cotisation de 16,000 $ au CELIAPP

- Votre revenu imposable passe de 100,000 $ à 84,000 $
- Votre impôt total diminue de 4,739.95 $
- Si votre employeur a retenu plus que 19,732.89 $ d'impôt, vous pourriez recevoir un remboursement

Mon épouse et moi projetons un déménagement en 2027 ou 2028, alors que les prix immobiliers — particulièrement en Ontario — pourraient être beaucoup plus élevés. En cotisant 40,000 $ au CELIAPP et en retirant ces fonds immédiatement pour acheter notre nouvelle maison, nous finançons l'achat tout en réclamant une déduction fiscale de 40,000 $ pour 2028. Cette astuce fiscale aura un impact majeur sur notre revenu imposable et potentiellement générer un remboursement d'impôt de plus de 11,000 $ selon mon revenu actuel.

Le CELIAPP permet des retraits non imposables à tout moment si les conditions d'admissibilité sont respectées, ce qui en fait un outil puissant pour les premiers acheteurs au Canada.

D'ici 2027, vous pourriez avoir cotisé jusqu'à 40,000 $, débloquant ainsi des économies fiscales importantes et un potentiel remboursement d'impôt substantiel, tout en faisant croître votre fonds pour l'achat d'une maison. Si devenir propriétaire fait partie de vos objectifs, le CELIAPP se présente comme la méthode astucieuse pour épargner efficacement tout en rehaussant votre pouvoir d'achat face à un marché exigeant. Ouvrez un CELIAPP et commencez à cotiser dès aujourd'hui pour profiter de ses avantages.

Pourquoi l'Immobilier Locatif ?

Plusieurs avenues s'offrent à vous pour faire croître votre capital. Parmi elles, l'immobilier locatif se distingue comme un pilier incontestable pour établir un revenu passif. Garder un montant important dans un compte chèque à rendement négligeable (pensons à 0.05 %), c'est maintenir une unité d'élite en repos plutôt qu'en mission.

Prenons l'exemple des 50,000 $ économisés après votre dernière tour en mission : ces fonds sont en attente et ne contribuent pas à votre campagne de richesse. Cette inaction ne se limite pas à un faible rendement ; elle équivaut à une retraite face à l'inflation. En janvier 2023 au Canada, celle-ci dépassait les 5 %. Autrement dit, 100,000 $ détenus l'an dernier possèdent un pouvoir d'achat inférieur à 95,000 $ aujourd'hui. L'inflation, est un adversaire furtif qui érode progressivement votre position financière.

L'investissement locatif en revanche mobilise ce capital inactif pour en faire un actif qui travaille pour vous. Il produit un revenu récurrent et consolide votre valeur nette. C'est une manœuvre défensive et offensive pour neutraliser l'inflation et sécuriser une entrée d'argent régulier.

Avant de planifier votre déploiement, consultez vos alliés spécialisés : conseillers financiers et experts immobiliers. Ils vous aideront à évaluer le terrain — fiscalité, conditions de prêt, sélection de la propriété. Votre dossier est unique : votre pointage de crédit, votre mise de fonds et votre capacité de financement détermineront la stratégie. Assurez-vous d'obtenir les renseignements essentiels pour prendre la décision la plus avantageuse pour votre bataillon familial.

Immeuble à six logements

- **Coût** : 550,000 $ (2021)
- **Mise de fonds** : 25 % ou 137,500 $
- **Taux hypothécaire** : 2.34 %
- **Paiement hypothécaire** : 2,600 $ par mois

REVENUS LOCATIFS		
LOGEMENT	**ANNÉE 2021**	**ANNÉE 2024**
UNITÉ 1	850 $	1,200 $
UNITÉ 2	900 $	1,100 $
UNITÉ 3	1,000 $	1,400 $
UNITÉ 4	950 $	1,500 $
UNITÉ 5	750 $	1,200 $
UNITÉ 6	750 $	1,400 $
REVENUE TOTAL	64,400 $	93,600 $

Ce principe s'applique à tout type de propriété locative. Si vous visez une source de revenus supplémentaire, l'immobilier locatif est une manœuvre logique et puissante. C'est une stratégie de création de richesse à long terme, capable de générer des revenus bien au-delà de vos années de service actif — et de développer un actif que vous pouvez ensuite transmettre. Toutefois, il est important de comprendre les implications fiscales. Au Canada, les revenus locatifs sont entièrement imposables et s'ajoutent à votre revenu total, ce qui peut vous faire basculer dans une tranche d'imposition plus élevée. À la vente, proche de 50 % du gain en capital sont imposables — contrairement à la vente de votre résidence principale, qui est entièrement exonérée.

En somme, l'immobilier locatif est une arme lourde pour la retraite, mais son déploiement exige une planification fiscale rigoureuse.

CALCUL DU PALIER D'IMPOSITION DE L'ARC		
IMPÔT SUR LE REVENU EN 2025		
	Année 2025	Taux d'imposition
CAF (SALAIRE DU SGT - 4)	88,560 $	20.50 %
REVENUS LOCATIFS	93,600 $	
REVENU TOTAL	182,160 $	29 %

Vous le savez peut-être : avec le système d'imposition progressif canadien, une augmentation de revenus — comme des revenus locatifs — peut vous faire basculer dans une tranche marginale d'imposition plus élevée, par exemple de 15 % à 29 % comme illustré dans le tableau. Mais pas de panique ! Seule la partie de vos revenus qui dépasse le seuil de la tranche est imposée à ce nouveau taux. Le reste continue à être taxé aux taux inférieurs. N'oubliez pas : à l'impôt fédéral s'ajoute l'impôt provincial, ce qui détermine votre taux d'imposition combiné. C'est justement ce détail qui est essentiel pour évaluer la rentabilité réelle d'un investissement générateur de revenus. Alors, avant de vous lancer, prenez bien ce paramètre en compte.

SYSTÈME DE TAXE PROGRESSIVE		
TAUX D'IMPOSITION FÉDÉRAL SUR LE REVENU		
ARC PALIER	**ANNÉE 2025**	**TAUX D'IMPOSITION**
1	57,375 $ ou moins	15 %
2	57,375.01 $ à 114,750 $	20 %
3	114,750 $ à 177,882 $	26 %
4	177,882.01 $ à 253,414 $	29 %
5	Plus de 253,414 $	33 %

IMPÔT PROVINCIAL SUR LE REVENU		
ONTARIO		
PALIER DE L'ARC	**ANNÉE 2025**	**TAUX D'IMPOSITION**
1	52,886 $ ou moins	5.05 %
2	52,886.01 $ à 105,775 $	9.15 %
3	105,775 $ à 150,000 $	11.16 %
4	150,000 $ à 220,000 $	12.16 %
5	Plus de 220,000 $	13.16 %

Taux d'imposition par province ou territoire selon la résidence au 31 décembre.

Avant d'investir en immobilier locatif, évaluez soigneusement les risques pour tirer pleinement parti des déductions fiscales et optimiser vos rendements.

Une Alternative Immobilière

Si l'idée de gérer un logement, des locataires ou des réparations ne vous intéresse pas, les Fiducies de Placement Immobilier (FPI) offrent une alternative simple et efficace. En achetant des parts, vous devenez copropriétaire d'un portefeuille de propriétés variées — commerces, appartements, immeubles de bureaux, et plus encore. Les FPI sont spécialement conçues pour verser du revenu passif : elles ont l'obligation légale de redistribuer plus de 90 % de leurs revenus à leurs détenteurs, généralement sous forme de dividendes mensuels. Une option intéressante pour ceux qui souhaitent un revenu stable sans les responsabilités d'un propriétaire. Autre avantage important : une FPI se vend facilement en bourse. Pas d'agents immobiliers, pas de délais, pas de complexité administrative — un simple clic suffit. Voici des exemples de FPI canadiennes :

- **FCR.UN** : First Capital (centres commerciaux)
- **KMP.UN** : Les Appartements Killam (immeubles résidentiels)

FPI CANADIENS			
ENTREPRISE	**RENDEMENT / ANNÉE**	**ACTIONS**	**DIVIDENDE ANNUEL**
FCR	5.34 %	2,000	1,780 $
KMP	4.33 %	4,000	2,880 $
		Revenue Annuel	4,660 $
Données au 1er janvier 2025			

Un Empire Résidentiel

Ma belle-famille possède plusieurs propriétés, et mon beau-père s'occupe lui-même des loyers. Une fois que tout est bien établi avec de bons locataires, la gestion devient assez simple : percevoir le loyer chaque mois et laisser les immeubles travailler pour vous. C'est un peu comme toucher des dividendes, mais avec un effort au départ. Bien sûr, il y a des défis, comme les retards de paiement, mais cela fait partie du jeu. La plupart du temps, les locataires se rattrapent, et sinon, des recours existent. C'est vraiment aussi simple que ça.

Mon beau-père m'a ouvert les portes de l'immobilier et m'a partagé les ficelles du métier. J'ai vite vu le potentiel et n'ai pas hésité à m'associer à lui. Apprendre aux côtés d'un expert a été inestimable. Pour être franc, il m'arrive parfois de penser que j'aurais aimé rencontrer ma femme plus tôt. Sa famille possède plusieurs propriétés qui génèrent des revenus mensuels réguliers. Cela nous donne non seulement un surplus d'argent pour le quotidien, mais aussi la possibilité de réinvestir et d'amplifier les revenus pour notre propre cellule familiale.

Structuration de Vos Biens Locatifs

L'une de nos manœuvres principales a été de loger nos propriétés locatives au sein d'une entité juridique distincte, comme une compagnie ou une fiducie familiale. Cette séparation établit une frontière nette entre nos revenus professionnels et notre situation personnelle. Votre rémunération principale reste ainsi à l'abri, et vos finances individuelles demeurent distinctes. L'avantage le plus important est la protection des actifs : si un problème survient, vos biens personnels sont moins vulnérables, car la structure corporative absorbe une partie du risque. Pour maximiser les bénéfices fiscaux, l'accompagnement d'un comptable est essentiel. Un conseiller financier peut également vous orienter vers la structure la mieux adaptée à votre situation. Considérez cette option comme une stratégie à long terme à explorer lorsque vous serez prêt.

Le Père Riche et Le Père Pauvre

Mon parcours financier évoque immédiatement un ouvrage marquant : *Père riche, Père pauvre* de Robert Kiyosaki. Si vous ne le connaissez pas, je vous l'indique sans hésiter. Sa lecture a transformé ma relation avec l'argent et à l'investissement immobilier. Mon père biologique incarne à mes yeux le « père pauvre » : un homme brillant et dévoué, pour qui la sécurité primait tout. Il a construit sa vie sur un emploi stable et l'épargne prudente. Premier de sa lignée à s'établir au Canada, il est arrivé les mains presque vides et a tout bâti par son labeur. Sa vision était limpide : travailler avec acharnement et mettre de côté pour assurer l'essentiel. Un récit commun à nombre de familles immigrantes, où la prudence est une vertu de survie.

À l'opposé, mon beau-père, bien que titulaire d'un poste stable dans la fonction publique et d'une pension sécurisée, n'a jamais craint le risque calculé. Il a lancé plusieurs entreprises. Certaines ont échoué, mais chaque revers fut une leçon intégrée. Aujourd'hui, son portefeuille comprend plusieurs unités locatives à Montréal. Il a eu la clairvoyance d'acheter lorsque les prix étaient modestes. À l'époque où il a commencé, l'immobilier était beaucoup plus accessible, et ceux qui ont investi alors détiennent maintenant un patrimoine dépassant largement le million de dollars.

Sans aucun doute, mon beau-père est riche — pas seulement en raison de ses propriétés, de ses véhicules payés ou de ses voyages, mais elle réside dans cette architecture de revenus multiples, bâtie sur l'immobilier. Ses immeubles locatifs, combinés à sa pension de la fonction publique, lui assurent une stabilité financière remarquable et une retraite confortable. Pour ma part, j'ai conçu un portefeuille qui reflète mes ambitions, ma tolérance au risque et mon horizon. Une combinaison d'actions versant des dividendes, de fonds indiciels et d'actifs à revenu stable forge mon équilibre. Avec lui, j'ai appris que le plus grand risque n'était pas de tout perdre, mais de ne jamais oser. Il a hypothéqué son seul bien pour lancer ces affaires, affrontant l'incertitude chaque matin avec calme. Ses choix m'ont montré que l'audace calculée n'est pas une impulsion — c'est une discipline. Cet héritage a façonné ma conviction. *L'avenir n'appartient pas aux plus prudents, mais à ceux qui savent transformer la peur en feuille de route.*

ÉTABLIR UN CALENDRIER TACTIQUE : LA CAMPAGNE FINANCIÈRE

Fixer des objectifs précis, avec des échéances réalistes, c'est ce qui fait passer vos rêves du papier au réel. Dans votre campagne financière, ce calendrier devient votre ordre de marche : il guide où va votre argent, et quand ajuster le tir. Comme pour une opération bien rodée, votre plan doit épouser le rythme de votre vie — vos mutations, votre famille, vos priorités. Et surtout, n'oubliez pas cet allié silencieux : le temps. Plus vous lui en donnez, plus vos investissements peuvent croître, patiemment et sûrement, comme une manœuvre qui exige de la discipline, mais finit par porter ses fruits bien au-delà de ce que vous aviez imaginé.

Investissement à Court Terme

Les placements à court terme peuvent offrir des rendements rapides, mais ils comportent un risque plus élevé et nécessitent une surveillance constante. Les fluctuations du marché peuvent vous obliger à vendre à perte si vous avez besoin de liquidités rapidement. Il est donc recommandé de n'investir que l'argent dont vous n'avez pas besoin immédiatement. Pour un achat immobilier imminent ou pour constituer un fonds d'urgence, privilégiez des placements sûrs et accessible plutôt que des actifs risqués.

Investissement à Long Terme

À l'inverse, les placements à long terme, tels que les actions à dividendes ou l'immobilier locatif, visent à construire une richesse sur plusieurs années. Laisser vos investissements croître sur le long terme permet à l'intérêt composé de travailler pour vous. Détenir des actifs stables offre non seulement une appréciation du capital, mais aussi des revenus réguliers à réinvestir, créant un effet boule de neige de revenus passifs, particulièrement précieux après la vie active.

PORTEFEUILLE DE DIVIDENDES					
SYMBOLE	RENDEMENT ANNUEL	INVESTISSEMENT TOTAL	PRIX MOYEN	ACTIONS DÉTENUES	DIVIDENDE VERSÉ
T.TO	8.17 %	96,000 $	24 $	4,000	7,843.20 $
BCE	12.21 %	64,500 $	43 $	1,500	7,875.45 $
ENB	6.16 %	44,000 $	44 $	1,000	2,710.40 $
BIR	6.67 %	20,000 $	8 $	2,500	1,334.00 $
LIF.TO	10.18 %	29,000 $	29 $	1,000	2,952.20 $
MFC	3.72 %	30,000 $	25 $	1,200	1,116.00 $
	Total	283,500 $		Total	23,831.25 $

Données au janvier 2025. Les rendements annuels peuvent varier.

- **Revenu annuel en dividendes** : 23,831.25 $
- **Versement trimestriel (tous les 3 mois)** : 5,957.81 $

D'après le portefeuille évoqué, un capital de 283,500 $ placé judicieusement en actions à dividendes peut produire un revenu annuel autonome d'environ 23,831.25 $ — près de 6,000 $ par trimestre. Une belle respiration pour le quotidien ou l'avenir. Lorsque vous commencez, ne vous attendez pas à devenir riche du jour au lendemain (sauf si vous avez découvert un arbre à argent !). Les premiers rendements peuvent être modestes — parfois à peine 20 $ — mais avec le temps, ces modestes sommes s'additionnent, grossissent, et finissent par compter vraiment. C'est un peu comme planter une graine qui finit par se transformer en un arbre à argent (sans arrosage nécessaire). La patience et la discipline sont essentielles : plus vous restez investi, plus votre argent travaille pour vous. Les actions à dividendes sont un outil puissant pour qui veut bâtir une richesse qui travaille à sa place. Faites preuve de constance, et vous pourrez un jour récolter, tranquillement, les fruits de cette persévérance.

La Règle du 72

Ah, la fameuse règle du 72 ! Elle a un charme magique, presque trop simple pour être vraie. Vous vous demandez combien d'années pour que vos investissements doublent ? Prenez le chiffre 72, divisez-le par votre taux (%) de rendement annuel. Et là, le nombre qui apparaît est le temps qu'il faudra pour voir votre capital faire « plouf » et se multiplier par deux. Pas de formules compliquées, pas de tableaux obscurs. Juste cette petite opération qui éclaire votre horizon financier d'un coup. Vous voulez voir comment elle s'applique dans votre réalité ? C'est parti pour un décryptage tout en clarté !

Imaginez investir dans Enbridge Inc. (ENB) le 1er janvier 2025. Avec un rendement estimé de 6 %, la Règle de 72 nous murmure : 72 ÷ 6 = 12 ans. C'est aussi simple que ça : votre capital pourrait doubler en seulement 12 ans ! Et si vous ajoutez des contributions régulières ? Le processus passe alors en mode turbo.

Où réside la vraie magie ? Dans le réinvestissement automatique des gains. C'est votre pilote automatique vers la réussite financière. Vos dividendes se remettent au travail, créant un effet boule de neige qui génère son propre élan. Vous n'avez plus qu'à regarder la boule tourner ! La combinaison de la Règle de 72 et du réinvestissement prouve une chose : votre allié le plus puissant, c'est le temps. Plus vos bénéfices restent investis longtemps, plus l'effet de composition agit avec une force explosive. Oubliez les solutions miracles : la clé, c'est la patience doublée d'une progression constante.

Imaginons que le rendement de 12 % de BCE reste stable. Le moment venu de prendre votre retraite, un simple investissement de 30,000 $ se sera transformé en 480,000 $ — sans même ajouter un sou de plus. C'est la puissance pure du temps et des intérêts composés !

BELL CANADA (BCE.TO)					
ANNÉE	1	6	12	18	24
VALEUR	30,000 $	60,000 $	120,000 $	234,000 $	480,000 $

Avec un rendement de dividende constant de 6.22 % pour la Banque de Nouvelle-Écosse (BNS.TO), la Règle de 72 montre que votre investissement doublera en environ 11,5 ans.

LA BANQUE DE LA NOUVELLE-ÉCOSSE (BNS.TO)					
ANNÉE	1	11	22	33	44
VALEUR	30,000 $	60,000 $	120,000 $	234,000 $	480,000 $

Le temps est votre allié le plus précieux : un effort constant, même modeste, finit par générer des résultats significatifs lorsque la discipline et la patience sont au rendez-vous.

Note importante : même les entreprises bien ancrées peuvent ajuster leurs dividendes. Par exemple, à compter du 1er mai 2025, BCE a réduit son dividende annuel de 3.99 $ à 1.75 $ par action. Ce type de décision reflète souvent une adaptation à un contexte économique complexe et vise à renforcer la résilience financière, réduire la dette ou financer des investissements futurs.

Une telle réduction, rare chez les géants établis, n'est pas forcément un signal d'alarme. Elle peut faire partie d'une stratégie durable, permettant à l'entreprise de maintenir sa santé financière tout en continuant à récompenser ses actionnaires.

SURVEILLANCE DES OPÉRATIONS : REVUE RÉGULIÈRE

Comme sur le terrain, rester proactif et ajuster sa stratégie fait toute la différence pour atteindre vos objectifs. Des revues régulières de votre portefeuille assurent que vos investissements restent alignés sur vos objectifs financiers et s'adaptent aux fluctuations du marché. Un bon commandant sait qu'une situation stable peut se renverser en un instant. Votre stratégie financière doit donc être d'une agilité tactique. Chaque trimestre, ordonnez une pause stratégique. Faites l'état des lieux de vos positions, évaluez froidement vos actifs et ajustez le tir si nécessaire.

- ✓ Performent-ils toujours ? *Validé !*
- ✓ Soutiennent-ils vos objectifs à long terme ? *Validé !*
- ✓ Faut-il réajuster votre compte ? *Validé !*

Si vous approchez de la retraite ou d'une étape financière importante, privilégiez des placements plus sécuritaires, comme les obligations ou les actions à dividendes, pour protéger votre capital. Si vous êtes encore loin de votre retraite, les actions peuvent rester la meilleure option pour maximiser la croissance. Comme pour un ajustement tactique en mission, ne laissez pas votre portefeuille en pilote automatique. Réallouez vos actifs si nécessaire pour rester sur la bonne voie.

Pour les membres des FAC, une mutation peut être l'occasion de réévaluer votre stratégie immobilière. Que vous vendiez une propriété locative pour libérer du capital ou rééquilibrer votre portefeuille, la flexibilité est essentielle. Des revues régulières vous permettent de rester prêt à agir, garantissant que votre mission financière progresse malgré les changements.

COMPTE-RENDU APRÈS ACTION

- **Choisissez le compte de placement le plus adapté pour une croissance efficace.** Que ce soit CELI, REER, CELIAPP ou compte courtage (non-enregistré). Cette étape fondamentale garantit une allocation stratégique de vos ressources et pose les bases d'une création de richesse durable et efficace.
- **Diversifiez vos actifs pour maximiser la croissance.** Répartissez vos fonds entre actions, obligations, FNB et l'immobilier selon vos objectifs, votre tolérance au risque et votre horizon de placement. Cela assurera une diversification adéquate et maximisera votre potentiel de croissance.
- **Adaptez-vous aux conditions du marché avec un calendrier clair.** Définissez des objectifs temporels (court ou long terme) pour guider vos décisions, mesurer vos progrès et ajuster votre stratégie.
- **Surveillez régulièrement vos investissements pour optimiser les performances.** Vérifiez votre portefeuille fréquemment afin de rester aligné sur vos objectifs et maximiser vos rendements.

Vos habitudes déterminent

votre avenir.

JACK CANFIELD
Les Principes Du Succès

CHAPITRE 5

PROCÉDURES DE COMBAT SE FORMER À LA RÉSILIENCE FINANCIÈRE

DANS CE CHAPITRE, nous explorerons des stratégies pour améliorer votre situation financière en identifiant et en traitant les obstacles qui freinent vos progrès. Nous examinerons également pourquoi de nombreux membres des FAC négligent la planification financière et proposerons des stratégies pratiques pour adopter un état d'esprit proactif et autonome, favorable au bien-être fiscal à long terme. Notez que les exemples ici peuvent ne pas convenir à tous et dépendent de chaque situation personnelle. Les idées partagées découlent de mon propre parcours et de mes convictions ; ce sont des cartes, pas des ordres. Analysez, adaptez et validez toute stratégie avant de l'adopter. Ce chapitre couvre six axes d'effort principaux :

1. Approche Stratégique : Franchir les Barrières Personnelles
2. Neutraliser les Menaces : Éliminer les Comportements Nuisibles
3. Opération Efficacité : Halte aux Fuites Financières

4 La Défense : Protéger Votre Richesse
5 Croissance de la Mission : Développer l'Expertise Financière
6 Les Faux Pas : Leçons du terrain

Agir sur ces fronts vous place aux commandes du char, prêt à relever les défis et sécuriser votre avenir financier. *Attachez vos ceintures, soldats, et en route à pleine puissance !*

APPROCHE STRATÉGIQUE : FRANCHIR LES BARRIÈRES PERSONNELLES

La plupart des gens disent : *« Je n'ai pas d'argent à investir. »*
Solution : Établissez un budget, réduisez vos dépenses et limitez les achats impulsifs.

La plupart des gens disent : *« Je ne sais pas comment investir. »*
Solution : Formez-vous, consultez un conseiller de la SISIP ou autres, lisez des livres, écoutez des podcasts, suivez des cours en ligne ou explorez des plateformes d'investissement.

La plupart des gens disent : *« Je n'ai pas le temps. »*
Solution : Remplacez le temps perdu devant la télévision ou sur les réseaux sociaux par des actions concrètes pour améliorer vos finances.

Se chercher des excuses ne fera que repousser votre avenir.

Ma femme adore se détendre en jouant à des jeux vidéo ou en plongeant dans des animés sur son téléphone et ne parlons même pas des séries Netflix un peu absurdes qu'elle enchaîne. C'est sa façon de s'échapper du quotidien et de se recharger, et je comprends totalement. On a tous besoin de ce temps pour soi, surtout après une longue journée de travail. Pendant qu'elle explore des mondes virtuels, je veille à ce que nos finances réelles restent sur la bonne voie. Ne vous méprenez pas, elle contribue largement au revenu familial ; je gère simplement l'aspect financier pour que son temps de détente reste possible. *Effort d'équipe, n'est-ce pas ?*

Les distractions sont partout : jeux, réseaux sociaux du genre perte de temps. Il est facile de perdre de vue ce qui compte vraiment — votre avenir financier. Entretenir ses finances, c'est comme entretenir son équipement : négligez-le, et tout se dégrade. Restez discipliné, et vous serez prêt pour la mission, sur le terrain comme à la maison.

La clé est de maximiser votre productivité. Plutôt que de passer des heures à vous distraire à parcourir les réseaux sociaux sur votre téléphone mobile, consacrez du temps à votre budget, au suivi des dépenses ou à votre formation en investissement. Même trente minutes par semaine peuvent faire une grande différence. Chaque petit pas aujourd'hui construit votre réussite financière de demain.

Prise de conscience ! Sortir de votre zone de confort, c'est comme sauter d'un avion sans parachute. C'est effrayant, inconfortable et carrément intimidant. *Mais, aucun grand accomplissement ne se fait en restant inactif.* Que ce soit pour maîtriser une nouvelle compétence sur la base ou créer sa richesse, la croissance exige de dépasser la peur et de passer à l'action. Pour beaucoup, investir reste un territoire inconnu. Voici pourquoi certains hésitent et comment surmonter ces obstacles :

Le Manque de Connaissance

« Je ne m'y connais pas assez en investissement. » Vous n'êtes pas seul. Beaucoup sont intimidés par des termes comme « actions », « obligations » ou « intérêts composés ». La bonne nouvelle ? Vous n'avez pas besoin d'être un expert pour commencer. Comme aux exercices de base, commencez par les fondamentaux. Servez-vous des conseillers financiers de la SISIP, des livres ou des chaines éducatrices en ligne pendant vos déplacements. La connaissance est votre première ligne de défense.

Le Manque de Capital

« Je n'ai pas assez d'argent pour investir. » Je comprends. Quand j'étais un jeune soldat, je pensais que l'investissement était réservé aux officiers aux gros salaires. La réalité ? Ce n'est pas le montant qui compte, mais le fait de commencer. Même 50 $ par mois peuvent croître avec le temps. Réduisez les dépenses non-essentielles (abonnements, café quotidien) et redirigez-les vers votre avenir. Les petits pas mènent à de grandes victoires.

Le Manque de Temps

« Je n'ai pas le temps de gérer mon argent. » Entre les déploiements, l'entraînement et la vie de famille, chaque minute compte. Mais voici la vérité : on fait du temps pour ce qui est important. Plutôt que de faire défiler les réseaux sociaux sous la main ou de regarder Netflix pendant des heures, consacrez simplement trente minutes ciblées par semaine à vos finances. Traitez cela comme un ordre de mission : concis, stratégique et actionnable. Souvenez-vous que la régularité l'emporte toujours sur la perfection.

La Peur du Risque

« Et si je perds de l'argent ? » C'est normal d'avoir peur. Mais le vrai risque, c'est de n'avoir qu'une seule source de revenus. Diversifier vos investissements, c'est comme avoir plusieurs plans de secours. Commencez petit, formez-vous et gagnez en confiance. Tout investisseur fait face à des risques, mais ne rien faire est le plus risqué.

Plan de Mission

Pour dépasser ces blocages, la première étape est toute simple : s'informer. Prenez le temps de découvrir vos outils — CELI, REER, FNB, ou l'immobilier. Ensuite, esquissez un plan qui colle à vos rêves et à votre appétit pour le risque. Commencez tôt, car le temps est un allié précieux et remettre à demain, un adversaire tenace. N'attendez pas que les années filent et que les responsabilités s'accumulent. Avancez maintenant, un petit pas à la fois — c'est souvent ainsi que les plus beaux chemins se tracent.

Avancez à Votre Rythme

Voici une vérité difficile à entendre : cessez de vous comparer aux autres. Vous ne savez pas ce qu'ils ont traversé pour atteindre leur niveau de succès actuel. Peut-être qu'ils ont commencé à investir il y a des années, ou qu'ils ont eu un mentor pour les guider. Au lieu de vous décourager, laissez leur parcours vous inspirer, pas vous miner. Apprenez de leur expérience, mais courez votre propre course. Vos finances sont votre mission ; traitez-les comme votre propre entreprise. Vous n'avez pas besoin d'être un génie financier pour bâtir une richesse qui prospère. Avec de la discipline, le bon état d'esprit et un effort constant, vous pouvez atteindre vos objectifs. Consacrez du temps chaque semaine à gérer vos finances, comme vous le feriez pour entretenir votre équipement ou vous entraîner pour une mission. Votre avenir financier est entre vos mains : prenez le contrôle, restez concentré et avancez sans relâche.

Car le terrain financier, comme tout champ d'opération exige présence, effort et engagement. Il exige de se montrer, quoi qu'il arrive. Beau temps ou tempête, vous avancez.

C'est cette présence régulière, cette discipline sans faille, qui fait toute la différence. Les gagnants ne sont pas ceux qui ont toujours du soleil — ce sont ceux qui marchent, même sous la pluie. Montrez-vous. Restez engagé. La victoire, alors, devient une simple question de temps.

NEUTRALISER LES MENACES : ÉLIMINER LES COMPORTEMENTS NUISIBLES

Les mauvaises habitudes financières — dépenses excessives, accumulation de dettes, train de vie insoutenable — peuvent compromettre votre mission d'enrichissement. À l'image d'une opération mal conçue et indisciplinée, le résultat est l'échec. En identifiant et en corrigeant ces comportements dès le départ, vous sécurisez votre base financière et réduisez votre stress. Moins de tension signifie que vous pouvez servir avec confiance et soutenir pleinement ceux qui comptent sur vous.

Ne Vivez Pas Au-Dessus de Vos Moyens

Ce n'est un secret pour personne : plus on gagne, plus on a tendance à dépenser. Une promotion arrive et la tentation est forte : une tournée pour l'escouade, un nouveau véhicule, ce VTT tant convoité. Mais attention à l'inflation du style de vie. Rapidement, votre paie peut s'évaporer plus vite que vous ne la gagnez. Posez-vous la question : ai-je réellement besoin de ce téléviseur immense, du dernier modèle de téléphone ou de ce bateau ? Ne vaudrait-il pas mieux affecter cet argent à l'épargne ou à l'investissement ? Une hausse de revenus n'est pas un laissez-passer pour dépenser davantage. Au contraire, c'est l'occasion idéale de renforcer votre cumul financier. La clé ? Maintenez ou réduisez vos dépenses malgré l'augmentation de vos revenus. C'est ainsi que vous construisez et faites croître votre richesse, pas autrement.

Les Pièges des Cartes de Crédit

Une carte de crédit, c'est un peu comme un multi-outil : bien utilisé, il vous facilite la vie et renforce votre cote de crédit. Mais un faux mouvement, et ça peut vite creuser un trou dans votre budget. Le vrai danger ? Dépenser plus que ce qui entre chaque mois. Les soldes gonflent, l'épargne fond et le capital qui devrait servir à investir, à préparer votre avenir ou à couvrir une urgence, s'évapore. La règle est simple, mais en or : ne dépensez jamais plus que ce que vous gagnez. Résistez à cette petite voix qui chuchote « achète maintenant, paie plus tard. » Si ce n'est pas abordable aujourd'hui, ce ne le sera probablement pas davantage demain.

Le Piège du Commerce En Ligne

Nous évoluons dans un environnement de gratification instantanée. En quelques gestes, il est possible de tout commander, sans même quitter son poste. Les applications et la publicité sont calibrées pour rendre la dépense intuitive, saturant votre attention de nouveautés et d'offres allèchantes. Ce confort a un prix : l'achat impulsif.

Le commerce en ligne amplifie tout ça. Les livreurs sillonnent les rues, mais votre capital, lui, peut stagner. Avant de cliquer sur « commander », prenez une respiration. Posez-vous la question : « En ai-je vraiment besoin ? » Moi, je me la pose autrement : « Combien de parts de mon fonds, ou d'actions à dividendes, est-ce que cet achat représente ? » Ça change tout. Soudain, l'objet perd un peu de son éclat face à la perspective tranquille d'un revenu futur. Cette simple question me recentre, et garde mes finances sur la voie que j'ai choisie.

La Puissance de l'Équilibre

Il ne s'agit pas de supprimer toutes les dépenses, mais de trouver un équilibre. Profitez de la vie sans laisser les achats impulsifs saboter vos objectifs financiers. Réduisez les petites dépenses et surveillez vos sorties d'argent. L'objectif ? Libérer davantage de ressources pour l'épargne et les investissements.

Investir, C'est Maintenant, Pas Plus Tard

L'un de mes plus grands regrets ? Ne pas avoir commencé à investir plus tôt. Issu d'un milieu modeste, la littératie financière n'était pas au programme familial. Mais voici ce que j'ai compris : chaque jour compte. Même de petites sommes, placées avec constance, se métamorphosent grâce au temps. Comme le dit Warren Buffett : *« Investir, c'est une question de présence sur le marché, pas de prédiction. »*

N'attendez pas des conditions idéales. Confiez plutôt le travail aux intérêts composés et aux dividendes réinvestis. Les marchés boursiers sont imprévisibles, sensible aux cycles économiques et aux chocs géopolitiques. Vouloir le devancer est une tactique risquée qui mène souvent à rater son élan. Priorisez plutôt une stratégie diversifiée et à long terme. Maintenez vos positions, y compris durant les corrections. Les données historiques démontrent que les marchés possèdent une résilience fondamentale et finissent par se rétablir.

S&P 500 (USD) FERMETURE DE 1990–2025

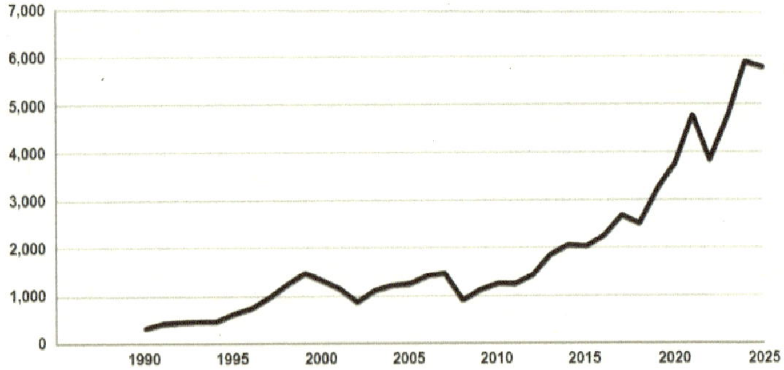

Données en (USD) à la clôture pour chaque année de 1990 à 2025

Au début, j'ai laissé mes émotions guider mes investissements, et ça m'a coûté cher : vendre à la baisse pour voir les actions rebondir. Aujourd'hui, je vois les corrections du marché comme des opportunités d'acheter à prix réduit. Comme dit Buffett : « *Là où d'autres voient la peur, je vois une opportunité.* »

Jeune, vous avez le temps de rebondir après une erreur. Une stratégie à long terme reste votre meilleur atout : investir maintenant peut faire doubler votre capital dans six à douze ans.

Imaginons que j'aie appliqué les connaissances financières d'aujourd'hui il y a vingt ans, à mon entrée dans les FAC. Supposons que j'aie investi mes premiers 10,000 $ dans McDonald's, notre célèbre géant de la restauration rapide, en janvier 2005, alors que l'action valait environ 30 $. Aujourd'hui, avec le cours de l'action McDonald's à plus de 280 $ (voire davantage au moment où j'écris ces lignes), cet investissement initial aurait pu dépasser 200,000 $, sans compter les dividendes. Un délicieux rappel du pouvoir de l'investissement à long terme.

APPRÉCIATION DU PRIX DE L'ACTION : MCDONALD'S (MCD)

	2005	2025
PRIX PAR ACTION	32.10 $	283.83 $
QUANTITÉ	1,000 $	1,000 $
VALEUR MARCHÉE	32,100 $	283,830 $

Données comprises entre le 31 janvier 2005 et le 31 janvier 2025

Vendre vos titres à perte, c'est un peu comme abandonner une position en plein combat — sauf en cas de nécessité absolue, mieux vaut tenir bon. Votre meilleure défense ? Une discipline financière ancrée. Pour éviter d'en arriver là, déployez votre capital avec soin. Commencez par bâtir un fonds d'urgence : cette réserve de liquidités vous couvrira face aux imprévus, sans avoir à toucher à vos placements. Sinon, une vente forcée transforme une perte temporaire en perte définitive et vous prive souvent de la possibilité de rebondir quand le marché repart.

Traitez votre mission financière avec le même sérieux que votre engagement militaire. Éliminez les réflexes nocifs, cultivez une rigueur tranquille, et maintenez une vision sur le long terme. Avec de la patience et de la constance, vous protégerez non seulement votre avenir, mais vous bâtirez aussi quelque chose de durable pour ceux qui vous sont chers.

OPÉRATION EFFICACITÉ : HALTE AUX FUITES FINANCIÈRES

Même le navire le plus blindé peut sombrer si la plus petite voie d'eau n'est pas colmatée. Ici, nous traquerons ces fuites de fonds qui s'écoulent silencieusement de vos ressources. Parmi les coupables fréquents :

- L'Adoption d'un animal de compagnie
- Les addictions coûteuses

Puis, je vous présente une solution simple et efficace :

- Automatisez votre épargne

L'Adoption d'Un Animal de Compagnie

Parlons de l'une des fuites de fonds les plus courantes et souvent négligées. J'attaque directement par la plus délicate : les coûts liés à la possession d'un animal. Prenons le chien en exemple, mais la logique s'applique à tout compagnon. Je tiens à être clair : ceci n'est pas un plaidoyer pour abandonner nos amis à quatre pattes. Mon rôle est d'éclairer, non de juger. Je suis moi-même un passionné ; j'ai partagé ma vie avec deux chiens : un bichon maltais mixe et un Yorkshire Terrier nommé Shoei (surnom de Chewbacca, pour sa ressemblance avec le célèbre Wookiee dans la Guerre des Étoiles). Contraint par mes obligations militaires, j'ai dû confier Shoei à mes parents, qui en ont pris soin plus de dix ans jusqu'à son départ. J'en connais donc les bonheurs, les peines et les défis.

Les animaux sont formidables ; ils sont loyaux, affectueux et peuvent être une grande source de réconfort, surtout pendant les déploiements ou les périodes stressantes. Mais avouons-le : ils ont aussi un coût réel. Nourriture, visites chez le vétérinaire, soins, jouets et bien sûr, les urgences médicales qui tombent toujours au mauvais moment. La facture grimpe vite. C'est comme avoir une personne à charge qui ne grandit jamais et ne travaille jamais. Si vous ne faites pas attention, votre boule de poils adorée peut devenir un puits financier. Alors avant de craquer pour un nouveau compagnon, assurez-vous d'avoir un vrai plan et un budget prévu pour toutes ces dépenses. Comme pour toute mission, une bonne préparation fait toute la différence entre la joie partagée et les mauvaises surprises.

Accueillir un chien, c'est une aventure qui demande du temps, de l'attention et un budget bien réel. La race, la taille, les besoins de santé — tout cela a un impact direct sur votre quotidien et votre portefeuille. Avant de succombe, prenez le temps d'y réfléchir sérieusement. Un animal, ça apporte une joie immense, mais c'est aussi une responsabilité de tous les jours. L'amour qu'il donne est gratuit, oui. Mais l'engagement, lui, se mérite — et se prépare, les yeux ouverts et le cœur léger.

Le Côté Moins Amusant d'Avoir un Animal

Un animal, c'est pour la vie, et ça coûte cher. Selon l'Association des Vétérinaires de l'Ontario, on parle de plus de 300 $ par mois, minimum. Pour nous, militaires, il faut ajouter le casse-tête et le prix de la garde pendant les absences prolongées ou déploiements.

Avant de craquer pour une boule de poils, posez-vous les bonnes questions :

- Mon budget le permet-il ? N'oubliez pas la nourriture, les soins vétérinaires, au toilettage et aux autres besoins ponctuels.
- Mon emploi du temps le permet-il ? Un animal a besoin d'exercice, d'attention et de stimulation.
- Qui prendra le relais ? En cas de déploiement ou d'absence, qui gérera votre animal, et à quel prix ?

Avoir un animal est un engagement à long terme. Mieux vaut attendre d'avoir une situation stable si vous n'êtes pas prêt aux implications financières et temporelles.

Les Frais Cachés d'un Animal de Compagnie

Détail des dépenses annuelles typiques pour un chien :

- **Nourriture** : 500 - 1,000 $
- **Visites chez le vétérinaire** : 500 - 1,000 $ (plus pour les urgences)
- **Toilettage** : 300 - 600 $
- **Pension** : 500 - 1,000 $ (varie avec les voyages)
- **Fournitures** : 200 - 400 $

Ces dépenses peuvent grever votre budget, particulièrement si vous gérez d'autres priorités comme une épargne-retraite ou un remboursement de dettes.

Soins Vétérinaires Détaillés

- **Prévention des parasites** : 250 - 300 $
- **Examens & vaccins** : 175 - 200 $
- **Test ver du cœur/Lyme** : 100 $
- **Profil de bien-être** : 135 - 200 $
- **Examen fécal** : 50 - 90 $
- **Soins dentaires** : 600 - 700 $
- **Total approximatif** : 1,400 - 2,000 $

Si les tarifs vétérinaires peuvent varier, l'engagement envers le bien-être de votre animal, lui, ne devrait pas. Ceci n'est pas un appel à l'abandon de votre ami fourrure, mais de planifier pour protéger à la fois votre lien et votre budget. En constituant un fonds d'urgence dédié, en budgétisant les soins courants et en envisageant une assurance santé animale, vous vous assurez que votre compagnon à quatre pattes recevra toujours les soins qu'il mérite, quelles que soient les circonstances.

Avant d'adopter, procédez à une évaluation honnête de vos finances et de votre mode de vie. Si l'engagement complet n'est pas envisageable, explorez les alternatives : bénévolat en refuge ou famille d'accueil temporaire. Ces options vous offrent une compagnie animale sans le poids financier à long terme.

Personnellement, nous profitons d'un réseau formidable. Nos amis propriétaires de chiens me permettent de bénéficier de tous les avantages : jeux, promenades, gardes occasionnelles. C'est ma « thérapie animal » personnelle, une dose parfaite d'affection sans les responsabilités associées à la possession. Et le gros lot ? Des amis propriétaires de chevaux. Croyez-moi, l'engagement financier y est considérable, bien au-delà de ma volonté d'investissement. Leur générosité nous a toutefois permis de vivre la joie d'approcher ces animaux majestueux, sans en supporter les coûts.

Un immense merci à Sanda, Paul, Anne, Linda, James et Leanne pour le partage de vos compagnons. Les souvenirs forgés à la ferme — monter, créer des liens, simplement partager leur espace — sont inestimables. Ces moments nous manquent, et nous sommes profondément reconnaissants de la joie que vous avez apportée dans nos vies.

Les animaux de compagnie nous donnent bien plus que de la joie et de l'amour : une véritable complicité. Pour que cette relation reste un bonheur sans ombre, il est sage d'en envisager les implications financières. Souvenez-vous que chaque dollar économisé est un dollar de plus à investir pour votre avenir.

Pour contextualiser : Au Canada, la possession d'un chien représente en moyenne 3,600 $ annuels. Si la valeur affective est immense, il est stratégique d'envisager le potentiel de cette somme s'il était systématiquement investi.

ADOPTER VS. INVESTIR

ANNÉE	INVESTISSEMENT ANNUEL	INVESTISSEMENT TOTAL	INTÉRÊT ANNUEL	INTÉRÊT CUMULÉ	VALEUR TOTALE
1	3,600 $	3,600 $	130.17 $	130.17 $	3,730.17 $
2	3,600 $	7,200 $	428.58 $	558.75 $	7,758.75 $
3	3,600 $	10,800 $	750.86 $	1,309.61 $	12,109.61 $
4	3,600 $	14,400 $	1,098.94 $	2,408.55 $	16,808.55 $
5	3,600 $	18,000 $	1,474.85 $	3,883.40 $	21,883.40 $
6	3,600 $	21,600 $	1,880.83 $	5,764.23 $	27,364.23 $
7	3,600 $	25,200 $	2,319.31 $	8,083.54 $	33,283.54 $
8	3,600 $	28,800 $	2,792.85 $	10,876.39 $	39,676.39 $
9	3,600 $	32,400 $	3,304.27 $	14,580.66 $	46,580.66 $
10	3,600 $	36,000 $	3,856.62 $	18,037.28 $	54,037.28 $

Estimation du coût d'un chien, excluant l'inflation et la hausse des prix.

Les Chiffres ne Mentent Pas

Les chiffres parlent d'eux-mêmes. Un investissement mensuel de 300 $ à un taux d'intérêt annualisé de 8 % pourrait représenter plus de 50,000 $ après dix ans, avec capitalisation annuelle. Cette somme, une fois constituée, devient un capital qui peut être redéployé dans des actifs productifs (l'immobilier, dividendes ou autres), ouvrant la voie à des opportunités financières supplémentaires.

Les animaux de compagnie procurent une joie et une complicité inestimable et, pour beaucoup, ils valent chaque dollar. Cependant, il est important de reconnaître que ne pas en posséder peut libérer des ressources financières significatives sur toute une vie. C'est un fait simple : pour chaque dollar épargné, il y a un dollar qui peut être investi pour votre future liberté financière. Que vous optiez pour l'adoption ou non, la clé est la décision éclairée. Si vous êtes passionné, planifiez méticuleusement. Si vous hésitez, quantifiez l'impact à long terme et considérez des alternatives, comme profiter occasionnellement du compagnon d'un ami.

Au bout du compte, être libre financièrement, c'est juste ça : faire des choix qui vous gardent aux commandes de votre vie, sans regret.

Une Addiction Coûteuse

Le tabagisme est souvent une habitude qui s'installe sur le terrain — une bouffée de répit face à la pression, un réflexe compréhensible dans l'attente. C'est une addiction, oui. Mais c'est aussi de l'argent que vous convertissez en cendres, paquet après paquet. En finances, c'est un ordre de marche contre-productif. Chaque dollar dépensé en fumée est un soldat retiré de la ligne de front, combattant pour votre avenir financier. Ce n'est pas un jugement. C'est un constat d'état des lieux. Il est temps de regarder la vérité en face — elle détruit à la fois votre santé et vos finances. Les médecins ont tout dit sur les poumons et le risque de cancer. Mais si cet argument ne suffit pas pour vous convaincre, passons à un autre front : avez-vous fait le calcul de ce que ça vous coûte ? Allons-y, faisons les comptes.

L'Arrêt du Tabac, un Gain Financier

Et si je vous disais qu'arrêter de fumer pourrait vous faire économiser des milliers de dollars sur votre vie ? Prenez le temps cumulé de vos pauses quotidiennes. À dix cigarettes par jour, cela représente près d'une heure de potentiel perdu — du temps qui pourrait être réinvesti en vous. Ne parlons même pas d'un bonus pour les non-fumeurs (même si l'idée est tentante). Réfléchissons plutôt à ce que vous pourriez mettre dans votre poche.

Je comprends : arrêter est un combat. Mais si les risques pour la santé ne suffisent pas, laissez les gains financiers vous persuader. Imaginez ce que vous pourriez faire avec cet argent : voyager, investir, ou simplement gagner en liberté. Que ce soit le tabac, les dépenses impulsives ou d'autres fuites d'argent, l'objectif est le même : identifier ce qui vous freine et le remplacer par ce qui vous propulse. Chaque dollar épargné est un soldat qui travaille pour vous, bâtissant un avenir plus radieux, plus sain et plus prospère. Alors, qu'est-ce que ça sera ? Laisserez-vous vos habitudes dicter votre avenir, ou reprendrez-vous le contrôle ? Le choix est entre vos doigts.

Le Coût de Tabagisme : l'Histoire de l'Adjudant Cendrier

Faisons le calcul ! Prenons l'Adjudant Cendrier. Il fume environ huit cigarettes par jour en semaine. Pour notre simulation, retenons une moyenne pratique d'un demi-paquet quotidien (10 cigarettes), en excluant les week-ends. Au prix ontarien moyen de 12.26 $ le paquet, voici comment son capital part littéralement en fumée chaque mois :

DÉPENSE LIÉES AU TABAC			
PÉRIODE	NOMBRE DE CIGARETTES	NOMBRE DE PAQUETS	COÛT
QUOTIDIEN	10	0.5	6.13 $
HEBDOMADAIRE	70	3.5	42.91 $
MENSUEL	280	14	171.64 $
ANNUEL	3,360	168	2,059.68 $

Bilan de la mission : 2,059.68$ partent en fumée chaque année. Pour une simple demi-boîte. Passez à la boîte entière, et le montant s'envole à 4,119.36$. Imaginez ce que ce régiment de dollars pourrait accomplir s'il était déployé sur le front de votre avenir.

Et si l'Adjudant Cendrier investissait cet argent à la place ?

FONDS D'INVESTISSEMENT DU TABAC					
ANNÉE	INVESTISSEMENT ANNUEL	INVESTISSEMENT TOTAL	INTÉRÊT ANNUEL	INTÉRÊT TOTAL	VALEUR TOTALE
1	2,064 $	2,064 $	74.63 $	74.63 $	2,138.63 $
2	2,064 $	4,128 $	245.72 $	320.35 $	4,448.35 $
3	2,064 $	6,192 $	430.49 $	750.84 $	6,942.84 $
4	2,064 $	8,256 $	630.06 $	1,380.90 $	9,636.90 $
5	2,064 $	10,320 $	845.58 $	2,226.48 $	12,546.48 $
6	2,064 $	12,384 $	1,078.35 $	3,304.83 $	15,688.83 $
7	2,064 $	14,448 $	1,329.73 $	4,634.56 $	19,082.56 $
8	2,064 $	16,512 $	1,601.23 $	6,235.79 $	22,747.79 $
9	2,064 $	18,576 $	1,894.46 $	8,130.25 $	26,706.25 $
10	2,064 $	20,640 $	2,211.12 $	10,341.37 $	30,981.37 $

Avec rendement annuel moyen de 8 %

- **Après 10 ans** : Environ 30,980 $
- **Après 20 ans** : Environ 97,867 $
- **Après 25 ans** : Environ 156,346 $

C'est une économie colossale pour votre retraite. Assez pour acheter une maison, assurer une retraite confortable ou laisser un héritage à vos proches. Et tout ça, juste en renonçant un demi-paquet par jour.

Seulement 171.64 $ par mois peuvent devenir 156,346 $ en carrière, sans même inclure l'inflation ou la hausse des prix du tabac. En continuant à fumer, vous nuisez à votre santé et vous brûlez votre capital. Arrêtez maintenant, économisez des milliers de dollars en primes d'assurance en tant que non-fumeur, et réorientez ces fonds vers un avenir financier sécurisé. Le choix est évident : éteignez la cigarette, allumez votre avenir financier. Le moment est venu de placer votre argent où il compte vraiment.

Pour les amateurs de vapotage, l'impact financier est tout aussi lourd, sinon plus, que la cigarette, mais avec plus de saveur. Si les goûts variés peuvent le faire paraître inoffensif, le vapotage est loin d'être sain et son coût est élevé. Un petit flacon coûte entre 7 $ (pour une autonomie d'environ cinq jours en usage intensif) et 50 $ pour les marques dites « haut de gamme ». Mais soyons francs : il n'y a rien de « haut de gamme » à inhaler des substances chimiques aromatisées.

Le piège, c'est les parfums encourageant les achats impulsifs. Sans s'en rendre compte, on constitue une collection de liquides selon ses humeurs, une habitude souvent plus coûteuse que la cigarette. Ne laissez pas les saveurs sucrées brouiller votre jugement. N'ayez aucun doute : le vapotage ruine vos poumons et vide vos comptes.

Automatisez Vos Économies

Automatiser pour Accumuler

Traitez l'épargne comme un ordre de mission permanent — qui se déroule discrètement en arrière-plan de votre vie. En automatisant les transferts vers vos investissements, vous créez un système fluide qui supprime le doute, évite les distractions et canalise régulièrement vos revenus vers la croissance. Laissez la régularité composer — tout comme les intérêts qui s'accumulent sans tapage, cette habitude automatisée bâtit votre indépendance financière avec le rythme régulier d'un entraînement. Il ne s'agit pas de gestes spectaculaires — mais de se présenter, encore et encore. Manquer une contribution occasionnelle peut sembler anodin, mais des interruptions répétées dans votre discipline financière peut ralentir votre progrès. De plus, vous ne pouvez pas dépenser ce que vous ne voyez jamais. Alors, mettez en place vos virements automatiques — considérez-les comme vos ordres permanents pour la liberté financière. C'est ainsi que vous répondez à l'appel de votre avenir, en consolidant les fondations de votre richesse à chaque dépôt. *Agissez aujourd'hui. Sécurisez votre demain !*

Opération Programmer et Oublier

Votre paie des FAC est un véritable accélérateur de prospérité. Mais pour qu'elle vous conduise vers la liberté financière, il faut la piloter avec intention. Prenez quelques minutes avec votre bureau de soutien administratif d'unité. Programmez un virement automatique vers un compte dédié à vos projets. Ainsi, à chaque paie, une partie de votre argent part automatiquement bâtir votre avenir. Plus d'oubli, plus d'hésitation. Cette manœuvre simple garantit que votre épargne avance, même quand votre attention est ailleurs. Petit à petit, vos cotisations s'additionnent et travaillent pour vous, comme un soldat de l'ombre. Elles se multiplient silencieusement, construisant un avenir financier stable et prévisible. Votre paie travaille désormais pour vous, sans relâche. Il suffisait de lui donner l'ordre de marche.

TAUX DE CROISSANCE TACTIQUE : DÉBUTANT					
ANNÉE 10 %	**DÉPÔTS**	**INTÉRÊT**	**DÉPÔTS CUMULÉS**	**INTÉRÊT CUMULÉ**	**SOLDE**
0	100.00 $	—	100.00 $	—	100.00 $
1	1,200.00 $	67.03 $	1,300.00 $	67.03 $	1,367.03 $
5	1,200.00 $	687.05 $	6,100.00 $	1,808.24 $	7,908.24 $
10	1,200.00 $	1,904.79 $	12,100.00 $	8,655.20 $	20,755.20 $
15	1,200.00 $	3,908.33 $	18,100.00 $	23,792.43 $	41,892.43 $
20	1,200.00 $	7,204.78 $	24,100.00 $	52,569.69 $	76,669.69 $
25	1,200.00 $	12,628.47 $	30,100.00 $	103,789.03 $	133,889.03 $
ANNÉE 8 %	**DÉPÔTS**	**INTÉRÊT**	**DÉPÔTS CUMULÉS**	**INTÉRÊT CUMULÉ**	**SOLDE**
0	100.00 $	—	100.00 $	—	100.00 $
1	1,200.00 $	53.29 $	1,300.00 $	53.29 $	1,353.29 $
5	1,200.00 $	524.11 $	6,100.00 $	1,396.67 $	7,496.67 $
10	1,200.00 $	1,368.66 $	12,100.00 $	6,416.57 $	18,516.57 $
15	1,200.00 $	2,626.91 $	18,100.00 $	16,834.51 $	34,934.51 $
20	1,200.00 $	4,501.50 $	24,100.00 $	35,294.72 $	59,394.72 $
25	1,200.00 $	7,294.36 $	30,100.00 $	65,736.66 $	95,836.66 $
ANNÉE 5 %	**DÉPÔTS**	**INTÉRÊT**	**DÉPÔTS CUMULÉS**	**INTÉRÊT CUMULÉ**	**SOLDE**
0	100,00 $	—	100.00 $	—	100.00 $
1	1,200.00 $	33,00 $	1,30000 $	33.00 $	1,333.00 $
5	1,200.00 $	305.37 $	6,100.00 $	828.94 $	6,928.94 $
10	1,200.00 $	731.92 $	12,100.00 $	3,592.93 $	15,692.93 $
15	1,200.00 $	1,279.35 $	18,100.00 $	8,840.26 $	26,940.26 $
20	1,200.00 $	1,981.90 $	24,100.00 $	17,274.63 $	41,374.63 $
25	1,200.00 $	2,883.52 $	30,100.00 $	29,799.10 $	59,899.10 $

Traitez chaque revenu supplémentaire — prime, promotion ou remboursement — comme une munition financière. Son vrai pouvoir n'éclate qu'en une seule manœuvre : l'envoyer directement au front de vos investissements. Même un montant modeste, engagé avec constance, devient une force silencieuse qui progresse sans relâche. En redéployant systématiquement chaque gain, vous transformez votre revenu en un véritable moteur de création de richesse qui travaille pour vous en continu.

TAUX DE CROISSANCE TACTIQUE : INTERMÉDIAIRE					
ANNÉE 10 %	**DÉPÔTS**	**INTÉRÊT**	**DÉPÔTS CUMULÉS**	**INTÉRÊT CUMULÉ**	**SOLDE**
0	300.00 $	—	300.00 $	—	300.00 $
1	3,600.00 $	195.00 $	3,900.00 $	195.00 $	4,095.00 $
5	3,600.00 $	1,956.26 $	18,300.00 $	5,168.85 $	23,468.85 $
10	3,600.00 $	5,348.41 $	36,300.00 $	24,482.53 $	60,782.53 $
15	3,600.00 $	10,811.51 $	54,300.00 $	66,576.57 $	120,876.57 $
20	3,600.00 $	19,609.87 $	72,300.00 $	145,358.62 $	217,65862 $
25	3,600.00 $	33,779.74 $	90,300.00 $	283,227.09 $	373,527.09 $
ANNÉE 8 %	**DÉPÔTS**	**INTÉRÊT**	**DÉPÔTS CUMULÉS**	**INTÉRÊT CUMULÉ**	**SOLDE**
0	300.00 $	—	300.00 $	—	300.00 $
1	3,600.00 $	156.00 $	3,900,00 $	156,00 $	4,056.00 $
5	3,600.00 $	1,510.00 $	18,300,00 $	4,034.95 $	22,334.95 $
10	3,600.00 $	3,908.26 $	36,300,00 $	18,411.53 $	54,711.53 $
15	3,600.00 $	7,432.10 $	54,300,00 $	47,983.34 $	102,283.34 $
20	3,600.00 $	12,609.77 $	72,300,00 $	99,881.94 $	172,181.94 $
25	3,600.00 $	20,217.47 $	90,300,00 $	184,585.91 $	274,885.91 $
ANNÉE 5 %	**DÉPÔTS**	**INTÉRÊT**	**DÉPÔTS CUMULÉS**	**INTÉRÊT CUMULÉ**	**SOLDE**
0	300.00 $	—	300.00 $	—	300.00 $
1	3,600.00 $	97.50 $	3,900.00 $	97.50 $	3,997.50 $
5	3,600.00 $	894.33 $	18,300.00 $	2,431.02 $	20,731.02 $
10	3,600.00 $	2,136.04 $	36,300.00 $	10,506.76 $	46,806.76 $
15	3,600.00 $	3,720.80 $	54,300.00 $	25,786.74 $	80,086.74 $
20	3,600.00 $	5,743.40 $	72,300.00 $	50,261.37 $	122,561.37 $
25	3,600.00 $	8,324.81 $	90,300.00 $	86,470.95 $	176,770.95 $

Une fois que votre propre situation est stable et sécurisée, pourquoi ne pas élargir le front ? Associez-vous à votre partenaire. Deux personnes disciplinées, alignées sur un même objectif, forment une véritable unité d'élite financière. En synchronisant vos stratégies et en unissant vos efforts, vous atteindrez vos grands buts — comme celui du premier million — bien plus rapidement. C'est la force d'un front uni : des capitaux et une discipline conjuguée, qui créent ensemble un levier puissant pour bâtir, pas à pas, une richesse partagée.

TAUX DE CROISSANCE TACTIQUE : AVANCÉ

ANNÉE 10 %	DÉPÔTS	INTÉRÊT	DÉPÔTS CUMULÉS	INTÉRÊT CUMULÉ	SOLDE
0	1,000 $	—	1,000 $	—	1,000 $
1	12,000 $	670.28 $	13,000 $	670.28 $	13,670.28 $
5	12,000 $	6,870.54 $	61,000 $	18,082.38 $	79,082.38 $
10	12,000 $	19,047.86 $	121,000 $	86,552.02 $	207,552.02 $
15	12,000 $	39,083.32 $	181,000 $	237,924.27 $	418 924.27 $
20	12,000 $	72,047.85 $	241,000 $	525,696.91 $	766,696.91 $
25	12,000 $	126,284.67 $	301,000 $	1,037,890.35 $	1,338,890.35 $

ANNÉE 8 %	DÉPÔTS	INTÉRÊT	DÉPÔTS CUMULÉS	INTÉRÊT CUMULÉ	SOLDE
0	1,000 $	—	1,000 $	—	1 000 $
1	12,000 $	532.93 $	13,000 $	532.93 $	13,532.93 $
5	12,000 $	5,241.12 $	61,000 $	13,966.70 $	74,966.70 $
10	12,000 $	13,686.61 $	121,000 $	64,165.68 $	185,165.68 $
15	12,000 $	26,269.09 $	181,000 $	168,345.14 $	349,345.14 $
20	12,000 $	45,015.03 $	241,000 $	352,947.22 $	593,947.22 $
25	12,000 $	72,943.60 $	301,000 $	657,366.57 $	958,366.57 $

ANNÉE 5 %	DÉPÔTS	INTÉRÊT	DÉPÔTS CUMULÉS	INTÉRÊT CUMULÉ	SOLDE
0	1,000 $	—	1,000 $	—	1,000 $
1	12,000 $	330.02 $	13,000 $	330.02 $	13,330.02 $
5	12,000 $	3,053.66 $	61,000 $	8,289.44 $	69,289.44 $
10	12,000 $	7,319.25 $	121,000 $	35,929.29 $	156,929.29 $
15	12,000 $	12,793.52 $	181,000 $	88,402.65 $	269,402.65 $
20	12,000 $	19,818.98 $	241,000 $	172,746.31 $	413,746.31 $
25	12,000 $	28,835.17 $	301,000 $	297,991.00 $	598,991.00 $

Passez à la Salle des Rapports, et activez cette retenue volontaire. Choisissez votre cible — CELI, REER, ou un compte épargne — et donnez le signal de départ. Une fois que le système est enclenché, votre richesse se met en mouvement, doucement mais sûrement. Rien n'arrêtera cette dynamique une fois lancée. L'avenir commence avec ce simple clic.

LA DÉFENSE : PROTÉGEZ VOTRE RICHESSE

Appréhendez les dettes à taux élevé comme une menace immédiate pour vos finances. Elles grèvent vos ressources, érodent silencieusement votre capital et entravent vos projets. Chaque dette est une cible à neutraliser en priorité. Maintenant, passons à l'offensive. Voici deux méthodes tactiques pour renforcer votre assise financière :

Deux Méthodes Tactiques

1 **Boule de Neige** — attaquez d'abord les plus petites dettes. Remboursez-les rapidement tout en respectant les paiements minimums des autres. Chaque victoire crée un élan psychologique, renforce votre discipline et motive votre progression.

2. **Avalanche** — ciblez en priorité les dettes aux taux d'intérêt les plus élevés. Cette approche mathématique minimise le coût total de vos dettes et neutralise les menaces les plus coûteuses, pour une victoire plus rapide et plus économique.

Quelle que soit la méthode choisie, la clé réside dans l'exécution disciplinée. Sélectionnez votre stratégie et appliquez-la avec rigueur. *Terminé !*

Vaincre la dette, c'est éliminer une menace directe contre votre ressource financière. Vous libérez ainsi un flux de capital précieux, immédiatement redéployable vers l'investissement et la construction de votre avenir. Cette victoire n'est pas une fin, mais une manœuvre vers une prospérité durable.

MISSION CROISSANCE : MAÎTRISE FINANCIÈRE

Progresser dans votre carrière demande une vraie maîtrise technique. Pour votre prospérité financière, c'est pareil : c'est une compétence de haut niveau, qui s'apprend et s'affine avec le temps. Décrypter les intérêts composés, optimiser votre fiscalité, bâtir pas à pas votre indépendance voilà les fondamentaux, les piliers non-négociables sur lesquels repose votre réussite. *Message bien reçu ?*

Développement des Compétences

Maîtriser ses finances exige une curiosité active. Mon secret ? Une discipline d'apprentissage quotidienne. J'ai ritualisé mes lectures techniques la fin de semaine — un hommage à Peter Lynch et à son incontournable *One Up on Wall Street*, qui a profondément nourri ma réflexion — podcasts financiers écoutés durant mes entraînements, et veilles stratégiques intégrées à ma routine. Mais le véritable accélérateur a été de m'entourer de passionnés, comme mon ami Raf, croisé durant un cours à Winnipeg, avec qui j'échange désormais des analyses comme d'autres partagent des recommandations cinéma sur Netflix. La clé ? Une vigilance de chaque instant pour contrer les dépenses impulsives et les plans flous, car chaque décision réfléchie, chaque page tournée et chaque discussion enrichissante renforce patiemment mais sûrement l'édifice de votre liberté financière. *Vous avez capté le signal* ? L'exécution vous revient.

LES FAUX PAS : LEÇONS DU FRONT

Nous pénétrons maintenant en zone périlleuse. Un terrain miné où tout soldat prudent doit faire demi-tour. Je vais vous exposer mes propres erreurs financières pour vous aider à éviter les pièges. Comme une seule erreur tactique au combat peut compromettre une opération entière, une mauvaise décision financière peut causer des revers durables et laisser des séquelles profondes.

Je partage ici mon vécu, mes faux pas, pour que vous puissiez en tirer des leçons. Si vous vous reconnaissez dans ces situations, considérez cela comme un ordre de retraite immédiate : repliez-vous, reconstituez vos forces et réévaluez votre stratégie avant que la situation n'explose. Ici, vous allez désamorcer un Engin Explosif Improvisé (EEI) financier — plus tôt vous agissez, moins les dégâts seront importants. Voici les dix pièges financiers que j'ai rencontrés et que vous devez absolument éviter :

1. La Validation Sociale
2. Les Apparences
3. L'Achat d'une Voiture Neuve
4. Un Mauvais Réseau Social
5. Une Alliance de Vie Incompatible

6 La Recherche du Moment Parfait
7 La FOMO (Peur de Manquer)
8 Les Faux Experts
9 Le Jeu de Hasard
10 L'Épargne Tardive

Écoutez bien, recrues ! En apprenant de ces erreurs, vous échapperez aux tireurs d'élite de la dette, déjouerez les achats impulsifs et prendrez position sur les hauteurs stratégiques de l'épargne. Ne laissez aucun piège compromettre votre mission.

La Validation Sociale

> Dépenser de l'argent pour montrer aux autres combien vous en avez est le moyen le plus rapide d'en avoir moins.
>
> **MORGAN HOUSEL,**
> *The Psychology of Money*

Nous cherchons naturellement à impressionner par nos biens, mais cette tendance nous pousse souvent à des achats impulsifs. J'ai moi-même cédé à ce piège dans ma vingtaine. Pourquoi un loyer absorbant 40 % de mes revenus ? Pour impressionner les visiteurs. Pourquoi une voiture neuve à 21 ans, malgré un financement précaire ? Pour attirer les regards et impressionner mes rendez-vous. Pourquoi des dîners trop chers ? Pour que mes amis me croient prospère.

La vérité ? Personne n'a vraiment remarqué. Mes parents n'étaient pas éblouis par la « vue imprenable » de mon appartement Montréalais, Ils s'inquiétaient plutôt de savoir si je mangeais à ma faim. En trois ans, aucun ami n'a pris la peine de me rendre visite. Mes dîners « généreux » ? Mes amis appréciaient le repas gratuit, sans plus. Les inconnus dans la rue ? Indifférents à ma voiture ou moto. Quand avez-vous été sincèrement impressionné par un véhicule tape-à-l'œil ?

Si vous êtes comme moi, vous avez probablement été plus agacé par le bruit du moteur que par autre chose. Plus agaçant qu'impressionnant, non ?

Dépenser pour impressionner est un piège. Personne ne se soucie de vos achats autant que vous, et vous payez seul les conséquences. Dépensez pour ce qui compte vraiment, pas pour des apparences oubliées le lendemain. La vraie richesse ne réside pas dans le paraître, mais dans la sécurité et la sérénité financières qu'on se construit.

Les Apparences

Ce que vous portez n'est qu'un déguisement, pas votre véritable histoire.

Les premières impressions ont leur importance, surtout professionnellement. Notre apparence influence les perceptions et les interactions, forgeant nos relations. Mais les apparences trompent. Vos voisins, avec leurs accessoires et vêtements de marque à la mode, peuvent sembler tout avoir. Ils donnent l'image de la réussite. Pourtant, avec une carte de crédit et de l'assurance, n'importe qui peut avoir l'air riche, sans l'être.

J'ai longtemps succombé à cette illusion. Je m'acharnais à acquérir des articles de marque coûteux, persuadé que ma valeur se mesurait à ces étiquettes. En prenant de l'âge, j'ai compris que ça vaut peu d'importance. Aujourd'hui, je privilégie l'authentique confort : un pantalon fidèle, porté plusieurs fois par semaine, un pull doux acheté il y a quatre hivers et qui me tient toujours chaud. En tant que militaires, vous avez au moins un souci en moins : celui de la tenue vestimentaire. Plus besoin de vous inquiéter ou de gaspiller votre argent à suivre des modes éphémères. C'est pratique et efficace, vous laissant vous concentrer sur l'essentiel — votre métier. Observez ceux qui ont bâti de véritables fortunes. Mark Zuckerberg porte son éternel t-shirt gris. Steve Jobs était inséparable de son col roulé noir. Warren Buffett, dont la fortune se chiffre en dizaines de milliards, conduit toujours sa vieille Volvo de 1989. Ils ne sont pas devenus riches en affichant leur richesse, mais en se concentrant sur sa construction.

Comme le dit si bien le proverbe : « L'habit ne fait pas le moine ». Cessez de courir après les apparences. Le but est d'être riche, pas d'en avoir l'air. Chaque dollar gaspillé dans un objet de luxe est un soldat retiré du front de votre indépendance financière. Pas d'investissement ? Pas de plan ? Alors votre ancien téléphone est largement suffisant. Arrêtez de financer une illusion. Détournez-vous du paraître et concentrez toute votre énergie à construire une richesse réelle, durable et libératrice.

Acheter Une Voiture Neuve Pour Impressionner

Acheter une voiture neuve pour impressionner les autres, c'est comme envoyer votre argent faire un tour : il ne reste jamais assez longtemps pour être rentabilisé.

Pourquoi c'est rarement un bon choix tactique :

- **La dépréciation** — dès que vous quittez le concessionnaire, une voiture neuve perd de sa valeur plus vite qu'une recrue perd son gerber. En quelques mois à peine, elle peut voir son prix chuter de plusieurs milliers.
- **Le coût élevé** — une voiture neuve s'accompagne de mensualités lourdes, d'une assurance au gros tarif, et d'un engagement de cinq à sept ans. C'est comme avoir un crédit immobilier, mais sur quatre roues, et sans pouvoir vous loger dedans.
- **Les taux d'intérêt** — financer un véhicule neuf signifie souvent payer des intérêts qui alourdissent la facture finale. C'est comme commander une pizza coûteuse et réaliser qu'on vous impose de l'ananas dessus pendant cinq ans. (Désolé aux amateurs de pizza hawaïenne, pour moi c'est comme des kiwis sur une pizza !)
- **Les frais d'entretien** — les voitures neuves, surtout les modèles luxueux, peuvent être exigeantes en maintenance. Une simple réparation peut coûter plus cher qu'une escapade de fin de semaine, vous obligeant à constituer une épargne spéciale « panne moteur ».

- **Le budget limité** — si vous jonglez déjà avec des dettes et des dépenses courantes, l'achat d'une voiture neuve amincie vos finances comme une carte pliée dans la poche d'un soldat. Il ne reste alors plus grand-chose pour les besoins urgents ou pour vos projets d'avenir.

J'ai conduit ma fidèle Honda Civic pendant plus de quatorze ans. Au début, les mensualités me rappelaient mes difficultés financières ; j'ai mis cinq ans à la rembourser. J'ai résisté à la tentation de la changer simplement pour faire bonne impression. Je savais que mon argent pouvait être mieux utilisé ailleurs. Ce n'est que quand mes finances ont été stables que j'ai opté pour une nouvelle voiture, par choix et non par besoin. Si votre véhicule actuel est encore fiable, résistez à l'envie de le remplacer. Mieux vaut épargner pour ce qui prend de la valeur avec le temps — votre avenir financier, par exemple.

Développer Son Réseau, C'est Accroître Sa Valeur Nette

> Nous sommes la moyenne des cinq personnes avec lesquelles nous passons le plus de temps.
>
> JIM ROHN

Notre réseau se construit souvent par circonstance : notre milieu, notre quartier, notre école, notre lieu de travail. Ces liens forgent notre identité, mais s'y enfermer, c'est comme rester dans une tranchée sous le feu — on ne progresse pas. La plupart d'entre nous n'ose pas quitter cette zone de confort pour construire délibérément des relations qui élèvent. On reste avec le même groupe, année après année, répétant les mêmes schémas. Confortable ? Oui. Stimulant ? Parfois. Efficace pour avancer ? Rarement. En opérations comme en finances, l'immobilité tactique mène à une lente défaite. La tranchée offre une protection illusoire tandis que les autres unités prennent de l'avance. Votre réseau actuel est-il une cachette ou une véritable base de projection ? Le soldat avisé sait qu'on ne conquiert pas de nouveaux territoires en gardant les mêmes positions. Soyez offensif dans vos relations. L'audace relationnelle paie ! Chaque rencontre stratégique ouvre un nouveau front de possibilités et renforce votre avancée.

Rien ne vous oblige à changer d'équipe si vous êtes déjà dans la bonne. Si votre cercle est performant, ambitieux et inspirant, vous prospérerez naturellement. C'est comme intégrer une unité d'élite : l'exigence collective vous propulse. À l'inverse, si votre entourage est constamment à court de ressources, prend de mauvaises décisions et cultive des habitudes néfastes, vos chances de succès s'amenuisent. C'est comme combattre avec une escouade à court de munitions et de volonté.

On incarne la moyenne des cinq personnes qui nous entourent. Sélectionnez-les comme vous formiez une équipe de combat — avec exigence. Parce que la bonne position et les bonnes alliances déterminent l'issue de la bataille.

J'ai grandi dans un quartier défavorisé. Si j'étais resté, je serais probablement pris dans le même cycle. L'armée a été mon billet de sortie. Cela m'a forcé à quitter des relations toxiques et une zone de confort qui me retenaient. Difficile, mais transformateur. J'ai rejoint un cercle de personnes déterminées, disciplinées, tournées vers la croissance. On ne change pas de destination sans changer d'équipage. Votre environnement façonne inévitablement votre trajectoire.

Imaginez deux soldats : Le Soldat Stagnation évolue dans un groupe qui rumine, néglige l'entraînement et dilapide ses ressources. Le Soldat Progression s'entoure de pairs ambitieux, axés sur l'avancement, la discipline financière et la croissance. La suite s'écrit d'elle-même. L'un monte en grade et construit. L'autre piétine.

Cela ne suppose pas de renier vos racines, mais d'élargir stratégiquement votre cercle — à travers des événements, des groupes professionnels, de nouvelles passions. Rehaussez ainsi la moyenne de vos cinq relations principales.

Sur le terrain comme dans la quête de richesse, le succès dépend de votre équipe. Des alliés qui vous élèvent sont un accélérateur de réussite. Un environnement tiède ou décourageant fragilise votre discipline et ralentit votre marche. Votre niveau de réussite sera le reflet direct de la qualité de votre réseau. Sélectionnez donc avec soin ceux qui partageront votre combat — et n'avancez qu'avec ceux qui visent la même altitude.

Il est légitime de vouloir évoluer, d'aspirer à plus. Évoluer ne signifie pas abandonner les vôtres ; c'est faire ce qui est nécessaire pour vous et vos proches. La réalité est que beaucoup vous soutiendront dans l'ombre, mais certains vous critiqueront au premier succès. Raison de plus pour forger un réseau de personnes partageant vos ambitions, qui vous soutiennent sincèrement, dans les victoires comme dans les épreuves.

Restez concentré. Entourez-vous des bonnes personnes. Ne craignez ni le jugement ni le changement. Les vrais alliés célèbrent votre ascension, ils ne les envient pas. Votre route vous appartient. Choisissez une escouade qui vous fera gagner.

Épousez Pour l'Argent Et La Richesse

Épousez pour l'argent et la richesse, et vous pourriez finir par être riche.

Halte ! Avant de me condamner, écoutez-moi. Ma famille n'était pas riche. Fils d'immigrants arrivés dans les années 80 avec pour seuls biens leurs rêves et quelques valises, j'ai vu mes parents apprendre la finance avec difficultés.

La situation financière au moment de choisir son partenaire est primordiale. Si l'un croule sous les dettes — que ce soit des prêts, des cartes de crédits plafonnées ou le souvenir d'un jet-ski financé à crédit — il sera difficile de s'élever ensemble. La sécurité financière est un effort d'équipe. Elle exige honnêteté, vision commune et perspective à long terme. Si l'un court dans la mauvaise direction, vous êtes tous deux exposés.

Vous vous souvenez de cet échange de vœux « Pour le meilleur et pour le pire » ? Ce n'est pas que de la poésie, c'est un avertissement nucléaire sérieux. Il faut être alignés sur l'argent.

Les discussions d'argent doivent être aussi normales que de décider qui sort les poubelles. Si l'un dépense sans compter et l'autre épargne chaque sou, les conflits guettent. On dit que dans l'amour les opposés s'attirent, mais en finances, des priorités incompatibles mènent au désastre.

Quand je dis « épousez pour l'argent », je ne parle pas de chercher un héritier ou héritière (quoi que, ça peut aider). Je parle d'épouser une personne qui partage votre état d'esprit financier. Qui comprend que l'épargne-retraite est aussi importante que les escapades de fin de semaine. Qui voit les objectifs financiers comme une mission d'équipe, pas en solo. Car si vous n'êtes pas alignés, tout ce que vous bâtissez ; maison, rêves, avenir, peut s'effondrer plus vite que la motivation d'un nouveau soldat après 5 km de marche forcée. Choisissez bien. Épousez une personne qui vous soutient émotionnellement et financièrement. Ainsi, quoi qu'il arrive dans la vie, vous vous aurez l'un l'autre, et peut-être un méchant plan de retraite.

Le Temps Sur Les Marchés

> Le temps sur le marché est votre allié le plus puissant. Il ne s'agit pas de prédire les sommets et les creux, mais de laisser le temps et la capitalisation accomplir leur œuvre.

N'investissez pas avec l'espoir de vous enrichir en un claquement de doigts. La fortune instantanée n'existe pas, sauf coup de chance extrême ou héritage inattendu. Et dans les deux cas, ce n'est pas une réalité pour tous. Pour la majorité, le temps passé sur les marchés est votre meilleur allié. L'objectif n'est pas de prédire le marché, mais de laisser le temps agir. Devenir millionnaire du jour au lendemain n'arrive que dans les contes.

L'investissement est un processus long et régulier, semblable à l'attente d'une promotion ou d'une affectation outremer (OUTCAN) tant attendue. Beaucoup s'imaginent une activité palpitante, mais c'est plutôt comme faire la queue à la cafétéria : on attend patiemment son tour. Le secret pour battre le marché ? Y rester longtemps. Imaginez votre épargne comme une boule de neige au sommet d'une pente. Avec les intérêts composés, elle s'enrichit d'elle-même à chaque tour — silencieusement, mais puissamment. Le temps est un atout majeur, surtout si on commence jeune.

Comparez deux militaires : le Capitaine Précoce investit 200 $ par mois dès 20 ans. Le Major Tardif attend 40 ans pour investir la même somme. À 60 ans, le Capitaine Précoce a une somme bien plus importante, grâce à 20 ans de capitalisation supplémentaire. Alors que le Major Tardif tente de rattraper le temps perdu.

Investir ne repose pas sur des coups de génie, mais sur la discipline et la patience. Comme se rendre à l'entraînement même fatigué. Ignorez le bruit ambiant. Mettez votre argent au travail, laissez-le tranquille, et laissez le temps opérer.

Le marché se moque de votre grade ; il récompense la constance. Cessez d'attendre le « moment idéal ». Lancez-vous maintenant. Votre futur vous sera reconnaissant.

La FOMO

La distance qui vous sépare de votre objectif est inévitable.

Restez concentré. La FOMO est comme une recrue impulsive qui charge sans plan, poussant les investisseurs à des décisions risquées. Courir après les actions tendance, investir dans des secteurs incompris, ou chercher le profit rapide mène souvent à l'échec. Prenons les NFT (jetons non fongibles). Ces actifs numériques, représentant la propriété d'objets uniques (art, biens virtuels), ont faite apparition en 2021. Mais avouons-le : qui comprend vraiment ? Moi-même, j'ai du mal.

Imaginez investir des centaines de milliers dans une propriété virtuelle, alors qu'à ce prix, vous pourriez acquérir une vraie maison. Des célébrités et influenceurs ont profité de cette vague, encaissant des sommes colossales pour promouvoir ces actifs numériques. Mais qui, à part eux, en tire vraiment profit ? Et si vous souhaitez revendre un jour, ne comptez pas sur un agent immobilier pour vous aider.

Pourquoi dépenser une fortune pour un portrait virtuel, alors qu'un vrai Van Gogh ou Picasso est déjà hors de portée ? Cela ressemble à la « théorie du plus grand sot » : acheter sans valeur réelle en espérant revendre plus cher à un autre. Ce n'est pas une stratégie.

La leçon ? La patience et la constance gagnent le plus souvent. Comme dans toute opération militaire, charger sans renseignements ou préparation mène à l'échec. Fuyez les modes, ignorez la promesse de fortune instantanée. Comprenez vos investissements, ignorez l'hystérie médiatique, et tenez-vous en à votre mission financière.

Ce sont les décisions raisonnées, et non la peur de rater quelque chose, qui garantissent un succès financier durable. Gardez la discipline, restez concentré, et rappelez-vous : la cible est fixe, l'essentiel est de viser juste.

Démasquer Les Faux Généraux

Méfiez-vous des chefs autoproclamés. Leurs promesses de raccourcis mènent souvent à une impasse.

Internet est un outil précieux, mais il peut devenir risqué lorsqu'il est mal utilisé. D'un côté, il offre une quantité d'informations inestimables pour bâtir votre richesse. De l'autre, il peut rapidement se transformer en terrain miné, rempli d'arnaques, de désinformation et de pratiques douteuses. La qualité des références que vous consultez est donc essentielle. Tout comme vous ne confieriez pas une mission importante à quelqu'un au hasard, évitez de faire aveuglément confiance à un site ou à une chaîne vidéo en ligne. Certains contenus sont crédibles, d'autres beaucoup moins. Prenez toujours le temps de valider les données et ne basez jamais vos décisions sur une seule référence. En finances comme au combat, la fiabilité du renseignement détermine le succès. Dans un environnement non sécurisé, la méfiance est une vertu.

Les escrocs utilisent des tactiques avancées pour exploiter vos faiblesses. Ces publicités ciblées après une visite sur un site ? Conçues pour transformer un « désir » en « besoin ». Les influenceurs frauduleux agissent de même. Ils bâtissent une audience, promouvant des produits surévalués et de la désinformation, sous couvert d'expertise. Beaucoup sont payés pour promouvoir — leurs conseils manquent d'impartialité. Les tutorats et contenus en ligne peuvent être utiles, mais n'y voyez pas de miracles. Même sur des plateformes en ligne, accueillez les conseils avec prudence. Vérifiez avant de faire confiance. Votre jugement critique reste votre meilleure protection.

Les vrais experts comme Warren Buffett ou Michael Burry ne vendent pas de secrets. Trop occupés à réussir, ils partagent leurs connaissances dans un cadre professionnel, non pas à travers des publicités ou formations coûteuses. Si quelqu'un vend le soi-disant secret de la richesse, il gagne son argent grâce à vous, pas à ses soi-disant conseils. Maintenez votre vigilance. Collectez des renseignements de sources multiples. Analysez méthodiquement. Suivez les investisseurs éprouvés. Faites confiance à votre entraînement : vérifiez, analysez, exécutez avec précision. La réussite financière se construit par la régularité et l'effort, pas par la chance ou des solutions miracles. Gardez l'esprit vif, le regard critique, et ne perdez jamais de vue votre objectif financier.

Jeu De Hasard : Un Pari, Pas Un Plan

Croire que le jeu mène au succès est un pari, pas un plan.

Si vous pensez que le casino vous enrichira, vous jouez au mauvais jeu. Une sortie entre amis un samedi soir, quelques verres et quelques jetons pour l'ambiance, c'est une chose. Mais croire que vous ressortirez avec un gain facile ? C'est un état d'esprit dangereux, et croyez mon expérience : j'ai été cet homme. Je croyais détenir la formule magique pour battre la maison. À la roulette ? J'avais un "système". Aux machines à sous ? Je guettais « le gros lot qui arrive ». J'avais tort. Profondément tort.

Le pire ? Ce n'était pas ma capacité à perdre qui posait problème, mais cette confiance illusoire que ma paie régulière me sauverait toujours. « Je vais me refaire », me disais-je à chaque fois. En réalité, ce faux sentiment de sécurité a été mon point faible. Je l'ai exploité comme une recrue exploite une faille dans le règlement — mauvaise manœuvre.

Et n'oublions pas les montagnes russes émotionnelles. Ce premier gain miraculeux ? Une décharge d'adrénaline pure. Mais tenter d'en retrouver la sensation, c'est de fuir une tornade au volant d'une voiturette de golf : une course perdue d'avance, où le déraillement est inévitable. Les conséquences, elles, sont bien réelles. Le jeu peut dévaster la santé mentale, briser les relations et, dans les cas extrêmes, pousser à des actes désespérés. J'en ai été le témoin direct. Un proche, englouti par les paris sportifs en ligne, a commencé à « emprunter » dans les économies de son conjoint pour combler ses pertes. Lorsque la vérité a éclaté, son mariage a frôlé l'implosion et il a sombré dans un gouffre financier qui a mis des années à se résorber.

Le jeu n'est pas un plan, c'est un piège. Aujourd'hui, je me limite à des soirées poker entre amis, mises symboliques et rires assurés. Tirez-en la leçon. Le jeu semble une solution rapide, mais c'est un moyen certain de saboter vos finances, votre mental et votre avenir. Soyez intelligent, responsable. Souvenez-vous — la maison gagne toujours.

Ne Pas Avoir Épargné Plus Tôt

> Regrettez-vous de ne pas avoir épargné plus tôt ? C'est l'erreur la plus coûteuse.

Je l'admets, j'aurais aimé gérer mes finances avec plus de sagesse dès ma vingtaine. Comme beaucoup de jeunes adultes, je me suis laissé distraire, manquais de connaissances financières et ai perdu des années de croissance et d'intérêts composés.

Mais voici la bonne nouvelle : il n'est jamais trop tard (ni trop tôt) pour commencer à épargner et investir en vue d'un avenir serein. L'idéal est de démarrer tôt pour exploiter la puissance de la croissance exponentielle tout au long de votre carrière et au-delà. Voici pourquoi c'est important de débuter tôt :

- **Horizon temporel** — plus tôt vous investissez, plus votre argent fructifie avec le temps.
- **Risque maîtrisé** — jeune membre des FAC, le temps joue pour vous. Les tempêtes boursières ne sont pas une menace, mais une occasion : vous pouvez les surmonter et investir dans des actifs plus risqués, donc au potentiel de croissance plus fort.
- **Flexibilité** — de petits versements réguliers s'accumulent avec le temps, créant un coussin financier pour les dépenses futures ou la retraite. C'est la magie des intérêts composés et de la discipline.
- **Habitudes** — développer de bonnes habitudes d'épargne tôt vous prépare au succès à long terme. Comme l'entraînement physique, les efforts constants portent leurs fruits.
- **Plan de retraite** — commencer tôt signifie plus de temps pour accumuler des richesses, rendant ainsi plus facile d'atteindre vos objectifs de retraite.

Un petit retard peut lourdement peser sur vos résultats financiers à long terme. N'attendez pas ! Chaque pas, aussi modeste soit-il, compte et construit les grandes victoires de demain.

À la guerre comme dans les finances, chaque opération nous instruit. Mes erreurs financières furent coûteuses mais instructives. Dépenses impulsives, épargne négligée lors des déploiements : chaque faux pas m'a coûté du temps, de l'argent et de la sérénité. Comme à l'entraînement, les revers font progresser.

En partageant mes dix plus grandes erreurs, je vous donne les cartes pour éviter les mêmes pièges et de conserver votre élan sur votre mission financière. Rappelez-vous : discipline et adaptabilité sont vos atouts. Apprenez de mes faux pas, affûtez votre stratégie, et poursuivez votre marche vers la réussite.

Le succès de la mission est à portée de main. Passez à l'attaque dès maintenant !

COMPTE-RENDU APRÈS ACTION

- **Vaincre sa peur est essentiel pour décider financièrement.** L'anxiété, souvent née de l'incertitude, d'erreurs passées ou d'un manque de connaissances, peut vous paralyser.
- **Les décisions émotionnelles sabotent la progression financière.** Éliminer les dettes exige de modifier ses comportements et d'adopter des stratégies qui réduisent les dépenses néfastes tout en encourageant de saines habitudes.
- **Les coûts cachés et les habitudes coûteuses gaspillent vos ressources.** Identifiez ces fuites financières qui vident silencieusement votre compte et redirigez ces fonds vers la constitution de votre richesse.
- **S'engager à se perfectionner garantit une accumulation de richesse à long terme.** La croissance financière requiert un apprentissage continu ; rechercher du mentorat ou des ressources qui amélioreront vos décisions.
- **Évitez les erreurs courantes.** Se focaliser sur des dépenses triviales sans valeur détourne des priorités. Ne pas bâtir un réseau efficace, retarder ses investissements et jouer son argent limitent les opportunités de croissance.

Les gens ont besoin de conseils financiers.
Mais au-delà de la simple gestion d'argent,
il est crucial de définir clairement vos objectifs :
où voulez-vous vivre, que souhaitez-vous faire
après votre carrière principale ?

DRE. SHERRY COOPER
La Nouvelle Retraite

CHAPITRE 6

RAVITAILLEMENT
RESSOURCES LIMITÉES

CHAQUE MILITAIRE AFFRONTE un jour sa mission finale : la retraite. Mais contrairement à un déploiement, celle-ci dure des décennies, sans ordre de retour. La question à un million de dollars : êtes-vous prêt à échanger vos bottes contre des mocassins ?

Bâtir une richesse ne se limite pas à épargner. Il s'agit de créer un système financier qui soutiendra votre famille après que vous ayez rangé l'uniforme. Un sage Sergent m'a dit un jour : « *Une fois ton béret rendu, tu dois vivre avec ce que tu as.* » Ça tape fort, mais c'est vrai. L'heure des préparatifs, c'est maintenant.

Écoutez bien ! Ce chapitre dévoile ce que les manuels militaires passent sous silence : pensions, REER, CELI, un jargon financier aussi critique qu'une opération sur le terrain. Voici les trois aspects que nous allons passer en revue :

1. Après la Ligne de Front : Votre Richesse Après le Service
2. Dernière Ligne de Défense : Votre Filet de Sécurité Ultime
3. Ressources de Fin de Mission : L'Épargne-Retraite du Militaire

Quelle est votre prochaine défense ? Comment vous préparez-vous pour cette mission finale ? La « *grande retraite* » ne s'improvise pas : elle exige une stratégie, de la discipline et cette mentalité militaire. Équipez-vous, renforcez votre résilience financière et préparez-vous pour la mission la plus gratifiante : *votre retraite méritée !* Car celle-ci en vaudra amplement la peine.

APRÈS LA LIGNE DE FRONT : VOTRE RICHESSE APRÈS LE SERVICE

Parlons pension ! En tant que membres des forces armées, vous bénéficiez d'un excellent régime de retraite et immédiate : après 25 ans de service, vous percevrez à vie une rente correspondant à 50 % de la moyenne de vos cinq meilleures années de salaire. Un taux qui augmente de 2 % par année supplémentaire de service jusqu'à un maximum de 70 %. Indexée contre l'inflation, cette rente garantit un revenu stable et prévisible dès votre libération, bien avant l'âge de retraite civil, servant ainsi de fondation fiable. *Magnifique n'est-ce pas ?*

ÉCHELLE DE SOLDE DES FAC (MILITAIRES DU RANG)

GRADE	SALAIRE ANNUEL	TAUX INCITATIF MAXIMAL
SOLDAT	52,044 $	71,928 $
CAPORAL	82,296 $	88,044 $
CAPORAL-CHEF	85,416 $	94,092 $
SERGENT	95,508 $	100,080 $
ADJUDANT	104,328 $	107,964 $
ADJUDANT-MAÎTRE	116,016 $	120,684 $
ADJUDANT-CHEF	126,744 $	132,012 $

ÉCHELLE DE SOLDE DES FAC (OFFICIERS COMMISSIONNÉS)		
GRADE	SALAIRE ANNUEL	TAUX INCITATIF MAXIMAL
CAPITAINE	106,332 $	140,544 $
MAJOR	143,796 $	160,220 $
LIEUTENANT-COLONEL	166,644 $	177,348 $
COLONEL	188,208 $	210,492 $
BRIGADIER-GÉNÉRAL	222,780 $	241,164 $
MAJOR-GÉNÉRAL	255,612 $	300,240 $
LIEUTENANT-GÉNÉRAL	328,332 $	355,428 $

Échelle Salariale de base au 31 Décembre 2025. Ceci exclut les primes de spécialité et bonifications. Pour les données complètes et à jour, consultez la section « Solde militaire » sur le site du Gouvernement du Canada.

Votre future pension se calcule sur la moitié de la moyenne de vos cinq meilleures années. Mais cette somme suffira-t-elle à votre quotidien ? Votre vie évolue : l'inflation grignote silencieusement votre pouvoir d'achat, un changement familial peut survenir, des charges persistent parfois. Pouvez-vous, avec la moitié de vos revenus, préserver le train de vie auquel vous aspirez tout en assumant ces réalités financières ? Si ce montant vous semble insuffisant, vous n'êtes pas seul.

Nombreux sont ceux qui partagent cette préoccupation. Et une fois à la retraite, si votre santé le permet, les aspirations, elles, ne prennent pas de retraite : voyages, rénovations, nouveau véhicule, ces projets, sans anticipation, peuvent mettre à rude épreuve vos économies. Mon conseil, avant la retraite est donc le suivant :

Épargnez le plus possible, tant que vous le pouvez !

Mon propre engagement consiste à investir chaque mois de 15 % à 20 % de mon salaire net pour bâtir ma retraite. Si vous avez la possibilité d'aller plus loin, saisissez-la sans hésiter ! Faites de votre sécurité financière de retraite la priorité absolue de votre épargne. Pour ma part, je ne garde à disposition que ce qui est requis pour mes besoins essentiels.

Pourtant, on observe fréquemment un paradoxe : après un peu plus de cinq ans de service, nombre d'officiers perçoivent une rémunération dépassant cent mille dollars, sans que leur avoir net n'en reflète le niveau. Beaucoup n'ont pas encore initié de stratégie d'investissement visant à renforcer leur pension. Les raisons en sont variées. Certaines sont douloureuses et indépendantes de notre volonté, comme un divorce, une perte familiale ou un grave problème de santé, événements qui érodent inévitablement les finances. D'autres causes, cependant, trouvent leur source dans une culture financière limitée et des réflexes quotidiens qui, sans en avoir l'air, entravent la construction de la richesse.

On pourrait croire qu'épargner une bonne partie de ses revenus est facile quand on touche un salaire à six chiffres, n'est-ce pas ? Eh bien, pas vraiment ! Plus on gagne, plus on a tendance à dépenser. C'est un peu comme ça : au lieu d'acheter un seul paquet de cigarettes, maintenant on peut s'en permettre deux par semaine. Pourquoi ? Le pouvoir d'achat. Avec cette belle augmentation en début d'année fiscale, on a l'impression d'avoir plus de marge pour se faire plaisir. Il est facile de tomber dans le piège de penser que l'on peut tout se permettre. Mais au lieu de mettre de l'argent de côté et d'investir pour l'avenir, beaucoup finissent par dépenser davantage, en négligeant complètement la façon dont ils géreront leur retraite. L'attention se déplace de la construction de richesse à long terme vers le plaisir immédiat, laissant la planification de la retraite au second plan.

Planifier sa Retraite

Trois éléments déterminants permettent d'évaluer dès aujourd'hui si votre future pension couvrira l'ensemble de vos besoins :

1. Vos objectifs de retraite
2. Le montant de votre pension
3. Vos autres revenus

Pour bâtir une retraite paisible, commencez par clarifier vos aspirations personnelles. Quelle retraite visez-vous réellement ? Définissez vos projets concrets et estimez leur coût. Ce montant-cible déterminera le revenu annuel nécessaire pour les soutenir. Votre stabilité financière reposera sur plusieurs fondations. La première est votre pension militaire. Elle sera complétée par les régimes publics (Sécurité de la vieillesse, Régime de pensions du Canada) et, idéalement, par votre patrimoine personnel (épargne, placements, REER). Si votre vision dépasse ce que ces piliers de base peuvent fournir, il devient alors crucial de planifier la création d'un surplus de revenus.

C'est pourquoi une diversification anticipée constitue l'élément décisif. En construisant un portefeuille d'actifs et de placements bien avant votre départ à la retraite, vous offrez à votre capital la durée nécessaire pour œuvrer en votre faveur. À terme, ces sources de revenus passifs viendront renforcer et compléter votre pension, vous procurant une flexibilité et une sérénité supplémentaires. Voyez votre pension comme le fondement assuré de votre retraite, et vos investissements comme les instruments qui permettront d'en accomplir pleinement la vision.

Section de la Libération

Parler à un conseiller pour votre retraite est une excellente initiative. Les sections de libération existent pour vous accompagner dans la planification de votre retraite. Vous serez entre les mains de professionnels dévoués qui vous aideront à comprendre vos options et à élaborer un plan aligné sur vos objectifs financiers. Entamez vos recherches et votre planification bien avant le début officiel de votre processus de libération. Anticiper cette transition vous permettra de rassembler l'information nécessaire et de structurer sereinement cette étape déterminante, plutôt que de tout précipiter dans les derniers moments de votre service.

Il n'est jamais trop tôt pour rencontrer un planificateur de retraite. Des éléments comme l'inflation et les impôts peuvent fortement influencer vos retraits de REER et d'autres dimensions de votre plan, il est donc important d'en tenir compte dès maintenant. En vous informant aujourd'hui sur les différents régimes de retraite, comptes et placements, vous serez mieux armé pour prendre des décisions éclairées le moment venu.

DERNIÈRE LIGNE DE DÉFENSE : VOTRE FILET DE SÉCURITÉ ULTIME

La retraite n'est ni un droit ni une garantie. Certains devront travailler plus longtemps, ou plus intensément, pour préserver le style de vie acquis dans l'armée. Il ne s'agit pas seulement d'atteindre 65 ans et de tout arrêter. Pour beaucoup, l'augmentation du coût de la vie et l'inflation les contraignent à prolonger leur activité professionnelle pour maintenir leur niveau de vie. Il n'est donc pas surprenant que certains Canadiens travaillent au-delà de 65 ans.

Pensez-y : des années à sauter d'avions, survivre avec des rations de combat, accumuler fractures physiques et émotionnelles — votre corps transformé en un dossier complexe, dont chaque marque est examinée, évaluée et inscrite au registre des séquelles des Ancien Combattant. Puis, le pays vous renvoie à la « vie civile » : un monde où « déploiement » signifie réunion en ligne, « les bottes sur le terrains » veut dire faire les magasins un mercredi matin, et votre nouvelle « équipe » est dirigée par un stagiaire de 25 ans qui méprise l'entraînement physique. Recommencer dans cet environnement inconnu, c'est comme devoir naviguer les montagnes afghanes avec une carte de la Terre du Milieu dans le Seigneurs des Anneaux les yeux bandés.

Au sein des Forces, si vous vous engagez à 20 ans et prenez votre retraite à 45 ans, vous bénéficierez d'une pension à vie assez généreuse, bien avant la plupart. Mais même avec une pension substantielle, il ne suffit pas de se la couler douce. Vous pourriez vous débrouiller, mais en étant très frugal, surtout face à la hausse du coût de la vie. Si votre pension devient votre seule ressource, les choses pourraient se compliquer. Vous avez survécu aux tempêtes de sable, aux gardes de nuit et aux rations de combat, mais êtes-vous également équipé pour affronter les incertitudes économiques de la vie civile ?

La Pension des FAC N'est Pas Garantie

La pension n'est pas accessible à tous. Si vous vous êtes engagé tardivement, retenez ceci : pour bénéficier de la rente immédiate et d'une pension à vie, vous devez avoir accompli vingt-cinq ans de service admissible. Si vous quittez les Forces avant d'avoir satisfait à cette condition, ou si votre engagement a débuté après 36 ans, vous ne serez probablement pas admissible à la pension viagère. Vous recevrez alors vraisemblablement un versement forfaitaire.

Or, ce montant est généralement bien inférieur aux versements réguliers d'une pension, surtout si vous vivez longtemps. C'est un élément important à anticiper et à intégrer dans votre planification. Le scénario à redouter ? Épuiser votre capital et manquer de ressources pour vos vieux jours. L'enjeu est d'éviter de dilapider ce capital prématurément, pour ne pas faire face à l'avenir sans réserve financières lorsque les dépenses s'alourdissent. Sauf en cas de libération pour raisons médicales, mais c'est une autre situation qui nécessite plus d'attention. La libération pour raison de santé est, quant à elle, un parcours spécifique qui exige une vigilance accrue et des conseils avisés.

Prestations Sociales Canadiennes

Pour la majorité des Canadiens, la Sécurité de la Vieillesse (SV) constitue le revenu de retraite principal. De janvier à mars 2025, le montant mensuel maximal s'élève à 727.67 $ (environ 8,732 $ annuels) pour les 65 à 74 ans, et à 800.44 $ (9,605 $ annuels) pour les 75 ans et plus.

Méfiance ! La SV est soumise à un test de revenu. Si votre revenu net annuel dépasse certains seuils (148,451 $ pour les 65 à 74 ans, 154,196 $ pour les 75 et plus en 2024), vous pourriez devoir en rembourser une partie. Vous pouvez toucher la SV sans réduction si votre revenu net annuel est jusqu'à environ 93,454 $.

Sérieusement ! La réalité est frappante. Subsister avec ce budget est un défi. Entre 8,732 $ et 9,605 $ par an suffiront difficilement à financer la retraite dont vous rêvez, surtout après l'intensité de la vie militaire. Et si votre partenaire ne travaille pas, cette somme doit couvrir deux personnes. Ne comptez pas uniquement sur les pensions gouvernementales. Je le répète : planifiez dès maintenant. Développez vos investissements et créez des sources de revenus supplémentaires — que ce soit des dividendes ou l'immobilier. Garantissez votre avenir financier avant de quitter les Forces. Vous vous êtes entraîné pour la mission, entraînez-vous maintenant pour votre retraite !

PAIEMENTS MAXIMAUX ET SEUILS DE REVENU		
ÂGE	**MONTANT MAXIMAL MENSUEL**	**REVENUE NET ANNUEL MAXIMAL POUR RECEVOIR LA PSV EN 2025**
65 à 74 ans	727.67 $	Moins de 148,451 $
75 ans et plus	800.44 $	Moins de 154,196 $
Données mises à jour janvier à mars 2025		

Hausse des Coûts et Réalité Brutale

Le coût de la vie augmente plus rapidement que la tension artérielle d'un Sergent-major découvrant des bottes mal cirées. En 2022, l'indice des prix à la consommation a atteint 8.1 %, et l'inflation continue sa progression. Les prix s'envolent, évoquant le choc de la crise de 2008. Entre l'épicerie toujours plus chère et l'essence qui pèse lourd, il est difficile de suivre. Les ruptures d'approvisionnement, les pénuries de main-d'œuvre, le marché immobilier incontrôlable, sans oublier l'impact de la COVID-19 et les tensions géopolitiques : la situation ne semble pas près de s'améliorer. C'est comme une mission où chaque pas rencontre un nouvel obstacle.

Et voici la dose de réalité ! À la retraite, vos revenus seront réduits de moitié. Votre pension, calculée sur vos cinq meilleures années, ne vous permettra pas de maintenir votre niveau de vie actuel. Si vous souhaitez conserver un confort similaire à celui de vos trente ou quarante ans, vous devez constituer des actifs complémentaires. Bâtissez dès maintenant un avoir net au-delà de votre salaire, par l'entremise des investissements, de l'immobilier ou des revenus passifs. Ne tardez pas. Préparez-vous aujourd'hui pour éviter les difficultés financières à la retraite. Gardez votre objectif en tête. Vous pouvez y arriver !

Sur le Point de Prendre Votre Retraite ?

Vous approchez de la retraite, que vous soyez sur le point de quitter l'uniforme ou que vous veniez de le rendre. Tout d'abord, félicitations ! Vous l'avez amplement mérité. Fini les inspections, les comptes-rendus administratifs et les formations en ligne imposées. Reste une question essentielle : quelle suite donnez-vous à votre vie ?

Votre pension vous permettra-t-elle de vivre comme aujourd'hui, ou devrez-vous compter chaque dépense ? Voici le constat : il n'est pas trop tard pour améliorer votre situation financière, mais ne vous attendez pas à devenir subitement riche d'ici peu. Si votre retraite est imminente, il est temps de développer sérieusement vos sources de revenus. Je sais que l'idée de travailler encore peut sembler épuisante après une longue carrière. Néanmoins, entreprendre aujourd'hui, même à cette étape tardive, reste un choix bien plus avisé que d'attendre passivement un avenir qui s'arrangerait de lui-même. Agir maintenant, c'est encore donner à votre capital une chance de travailler pour vous.

Supposons que vous ayez déjà pris l'habitude d'épargner. C'est un bon début, mais il est temps de monter en puissance. Si ce n'est pas déjà fait, étudiez de près les actions à dividendes. Leur atout ? Elles génèrent un revenu régulier, comme un salaire fiable, mais sans les contraintes du service. Pour ma part, j'ai constitué un portefeuille de dividendes qui me procure des revenus passifs. Pendant que je savoure ma liberté, ces placements continuent tranquillement leur travail. L'immobilier locatif représente une autre option intéressante aussi. Ces deux leviers — un portefeuille de dividendes et quelques biens immobiliers — vous offrent la possibilité de revenus récurrents. Ils aident à maintenir votre aisance financière avec une gestion raisonnable, sans vous imposer une charge opérationnelle trop lourde.

N'attendez pas une fortune qui tombe du ciel. Vous ne rattraperez pas des années de retard en un clin d'œil. Par contre, commencer aujourd'hui, même modestement, vous fera accomplir des progrès réels. Une démarche régulière et disciplinée peut jeter les bases d'une retraite paisible. Vous ne retrouverez pas l'insouciance de la jeunesse, mais vous vous éloignerez d'une précarité quotidienne.

Que vous optiez pour une activité de revenu complémentaire, l'immobilier ou les revenus de placements, l'important est de débuter. Une initiative, même minime, peut produire des effets durables. Une autre piste : si réduire vos dépenses vous semble trop contraignant, envisagez de vous établir dans une région où le coût de la vie est plus abordable. Votre pension y aura un bien meilleur pouvoir d'achat. Certains retraités ont fait ce choix, parfois à l'étranger, et en sont pleinement satisfaits.

Prenons l'exemple de mon ami, le Sgt Voyageur. Il vit confortablement de sa pension. Après avoir épargné et cédé sa propriété, il a libéré un capital considérable. Cette voie ne convient pas à tous ; certains hésitent à tout quitter pour une destination lointaine. Mais pour les plus aventureux, c'est une option à étudier.

Tout dépend de votre situation personnelle. Pour ma part, m'installer en Thaïlande ne me correspondrait pas. Le climat me semblerait accablant, et j'apprécie la variété de nos saisons. Je voudrais aussi éviter à mes proches et à mes parents de devoir parcourir la moitié du globe pour me rendre visite.

Je vois l'Ontario comme un excellent compromis, pour des raisons à la fois fiscales et familiales. La pression fiscale y est plus légère que dans certaines autres provinces, et je resterais proche des miens. Profitez de votre dernier droit de déménagement, offert par les FAC, pour vous installer directement dans la région où vous comptez passer votre retraite. Choisir une province avec un régime fiscal avantageux pour votre résidence principale est une manœuvre stratégique, votre pension étant imposable.

Si votre profil ressemble au mien, vous pourriez aussi envisager de voyager une partie de l'année une fois retraité. Dans ce cas, un simple pied-à-terre, peut-être au bord de l'eau, pourrait très bien me suffire. La leçon à retenir ? Il n'est jamais trop tard pour reprendre le contrôle de votre destin financier. Agissez dès maintenant, et quand la retraite sonnera, vous pourrez la savourer en toute quiétude.

RESSOURCES DE FIN DE MISSION : L'ÉPARGNE-RETRAITE DU MILITAIRE

Revenons sur le REER, car le sujet mérite attention. Je sais que la retraite peut paraître lointaine, surtout lorsque vous vous levez encore à cinq heures du matin pour obéir aux ordres, à moitié endormi. Mais croyez-moi, plus vous agissez tôt, plus votre passage à la vie civile sera serein. Vous pourrez alors savourer votre liberté, l'esprit tranquille.

Considérez le REER comme votre détonateur financier. Vous l'activez maintenant, et elle se développe de manière autonome jusqu'au jour « J ». Le gouvernement vous récompense lorsque vous cotisez : versez 5,000 $ et boom, votre revenu imposable diminue d'autant. Un avantage immédiat ! Ajoutez à ça la magie des intérêts composés : votre argent fructifie sans votre intervention. Ça prend du temps, mais comme la solde de déploiement, ça s'accumule. Plus vous patientez, mieux vous serez préparé pour la retraite.

Je sais, nous n'avons pas cette cotisation employeur que certains civils reçoivent, et le MDN n'abonde pas nos REER. Mais ne sous-estimez pas cet outil ; il reste un atout précieux pour votre avenir. Un de ses grands avantages ? Une fois les fonds déposés, ils sont verrouillés jusqu'à la retraite, ce qui est une excellente défense contre les dépenses impulsives. Ensuite, vous avez tout un arsenal d'options d'investissement à votre disposition : actions, obligations, fonds communs et un bon conseiller financier peut vous aider à choisir les munitions adaptées à votre profil. Initiez dès maintenant votre épargne, et abordez votre dernière affectation — la vôtre — en toute confiance.

La Phase Finale

Prendre sa retraite, c'est bien plus que quitter l'uniforme ; c'est se donner les moyens de vivre pleinement. Actuellement, votre salaire règle tout. Mais lorsqu'elle s'arrête, vos finances doivent tenir bon. C'est pourquoi épargner et planifier n'est pas un détail, mais la base de votre avenir. S'appuyer sur la seule pension des FAC risque de ne pas suffire à préserver le confort que vous connaissez. Rêvez-vous d'explorer le monde, de découvrir une gastronomie raffinée ou de vous accorder des loisirs choisis ? Ces aspirations dépassent souvent le cadre d'une allocation unique. Personnellement, j'imagine ma retraite comme l'occasion de parcourir la planète avec ma compagne, de dîner sans regarder les prix, et de vivre libéré du stress financier. À Paris ou à Tokyo, je veux que mon seul dilemme soit le choix du prochain plat.

Chaque retraite est unique. Qu'il s'agisse de calme au grand air au bord d'un lac, de retrouvailles familiales ou de toute autre aspiration. Quelle que soit votre vision, plus vous planifiez tôt, plus vous rendez ce rêve accessible. Chaque effort d'investissement est une brique posée pour bâtir votre indépendance financière.

Épargner pour sa retraite offre plusieurs avantages :

- **Alpha** : cela vous garantit des fonds suffisants pour couvrir vos dépenses une fois votre salaire arrêté.
- **Bravo** : cela vous aide à maintenir ou améliorer votre niveau de vie. Sans épargne adéquate, vos possibilités se réduisent.

Épargner tôt, c'est vous offrir un filet de sécurité et la liberté de décider. Cela vous protège et vous permet de réaliser vos envies, comme un voyage ou un projet personnel, sans dépendre uniquement des pensions et prestations sociales, souvent insuffisantes.

En créant dès aujourd'hui des sources de revenus multiples — dividendes, l'immobilier, etc. — vous construisez la retraite sereine que vous méritez. Dans mon expérience, un portefeuille de dividendes a tout changé, délivrant des revenus réguliers comme un approvisionnement fiable. L'immobilier locatif apporte aussi son flux mensuel constant. Ces investissements travaillent pour vous, vous laissant libre de vivre pleinement. La stratégie gagnante ? Diversifiez vos rentrées dès maintenant pour une retraite où vous ne vous contentez pas de vivre, mais où vous prospérez.

COMPTE-RENDU APRÈS ACTION

- **Établissez votre plan de mission financier.** La stabilité après le service exige une vision claire. Définissez d'abord vos objectifs personnels. Confrontez-les ensuite au montant de votre pension et à vos revenus annexes. Enfin, mettez en œuvre une gestion rigoureuse de votre capital. Cette discipline garantira votre sérénité économique sur le long terme.

- **Cartographiez vos ressources et anticipez les obstacles.** Utilisez tous vos outils financiers et établissez un plan de contingence complet, incluant pension, régimes enregistrés, placements et allocations gouvernementales. Ce filet de sécurité vous aide à traverser les turbulences économiques.

- **Vérifiez votre préparation opérationnelle.** Assurez votre avenir en auditant dès aujourd'hui votre épargne-retraite. Évaluez votre pension militaire et vos cotisations personnelles. Une discipline d'épargne régulière pendant votre carrière est essentielle. Optimisée par les avantages fiscaux, elle permettra à votre capital de croître. Vous assurerez ainsi une transition financièrement sécurisée vers la vie civile.

Entourez-vous de ceux qui vous stimulent,
qui éveillent votre ambition et complètent vos
forces. Avec eux, la réussite devient
non seulement possible,
mais une destination naturelle.

CHAPITRE 7

COMMANDEMENT ET ALLIANCES
PARTENAIRES EN ARGENT

EN MILIEU MILITAIRE, le succès opérationnel est indissociable d'une planification minutieuse, équipe fiable et de bons renseignements. C'est une logique qui s'applique parfaitement à la gestion de vos finances, aussi. On ne lance pas une opération sans les bonnes unités et un itinéraire précis. Votre avenir financier mérite exactement le même niveau de préparation rigoureuse. C'est pour cela qu'il est si important de s'entourer des bonnes ressources, humaines et techniques. Voyez votre conseiller comme votre officier des plans : son expertise trace la route vers vos objectifs.

Cependant, une équipe financière efficace ne se limite pas au conseiller. La confiance, la communication et l'adhésion à une vision commune sont essentielles. Découvrons ensemble trois piliers pour commander votre mission financière en toute confiance :

1. Au Commande : Travailler Efficacement Avec Votre Conseiller
2. Assembler Votre Équipe : Sélectionner Votre Escouade
3. Transmission Claire : Maintenir la Liaison

Ce chapitre vous donnera les clés pour constituer une équipe performante, communiquer avec précision et déployer votre stratégie avec succès. Car c'est ensemble que l'on devient plus fort — cette force collective qui vous mènera à la victoire.

AU COMMANDE : TRAVAILLER EFFICACEMENT AVEC VOTRE CONSEILLER

Identifiez et collaborez avec des conseillers financiers qui partagent vos objectifs, comme vous le feriez pour constituer une équipe pour une opération importante.

À mon arrivée dans l'armée, j'ai été affecté à une section commandée par le Sergent Justéparfait un chef expérimenté qui avait tout vu.

À l'époque, j'étais novice, peu sûr de moi, et je cherchais encore à comprendre ce que signifiait commander. Le Sergent ne se contentait pas de donner des ordres — il montrait l'exemple. Il était toujours le premier sur le terrain et le dernier à partir. Il prenait le temps d'expliquer non seulement le « comment », mais aussi le « pourquoi » derrière chaque décision. Son calme sous la pression, sa capacité à s'adapter et son engagement remarquable envers son équipe m'ont marqué à jamais.

Un moment reste gravé dans ma mémoire : lors d'un exercice d'entraînement intense, notre équipe s'effritait sous la pression. Au lieu de crier, le Sergent nous a pris à part et nous a dit : « Commander, ce n'est pas être en charge, c'est prendre soin de ceux dont vous avez la charge. » Cette phrase éclairante a changé ma perspective. J'ai alors adopté son credo : prioriser mon équipe, garder mon calme dans le chaos et toujours m'efforcer de diriger avec intégrité.

Son autorité tenait du regard et de la présence, jamais des éclats de voix. Son calme était si constant que lorsqu'il le rompait, l'impact était foudroyant. C'était comme entendre un bibliothécaire crier soudainement. Si rare que l'impact fût comparable au passage d'un avion hypersonique à basse altitude.

Je me souviens d'un incident où un équipier avait mal sécurisé du matériel. Sa question, « Expliquez-moi cette négligence », a claqué comme un coup de fouet, si puissante qu'on aurait cru sentir les murs vibrer. On s'est tous figés sur place, le silence devenant aussi pesant et solennel que dans une cathédrale. Mais même dans ces instants, une leçon émergeait : la responsabilité est essentielle, et les erreurs ont des conséquences.

Il a été l'architecte des fondations sur lesquelles j'ai élevé mon propre commandement. Ce même principe s'applique à la direction d'une équipe financière : on ne suit pas quelqu'un qui n'a pas parcouru le chemin. Tout comme je me tournais vers le Sergent pour être guidé, je recherche aujourd'hui des figures d'autorités ayant atteint la réussite financière à laquelle j'aspire. Il s'agit d'apprendre de ceux qui ont déjà tracé la voie, que ce soit sur le terrain ou en finance.

Pour Commander, il Faut d'Abord Savoir Suivre

Tant de gens demandent des opinions plutôt que des conseils qui ont fait leurs preuves. Mon conseil ? Cherchez ceux qui ont traversé l'épreuve du feu et en sont sortis avec des résultats tangibles. N'ayez pas peur de les approcher ! Beaucoup laissent passer des chances extraordinaires, simplement parce qu'ils hésitent à poser la question ou à identifier la bonne personne. Une seule conversation avec le bon mentor peut ouvrir des portes d'une valeur inestimable et dévoiler des opportunités qui valent des milliers, voire des millions.

Le succès laisse toujours des traces, comme des empreintes de bottes sur le terrain. Repérez ceux qui ont déjà planté leur drapeau sur le sommet que vous visez, et alignez vos pas sur les leurs. Les proverbes ont leurs raisons : « Votre réseau détermine votre valeur nette » et « Vous êtes la moyenne des cinq personnes qui vous entourent ». Ce ne sont pas que des phrases ; ces principes sont des clés du succès. Posez-vous cette question : dans votre monde, qui incarne réellement la réussite que vous convoitez ? Étudiez leur parcours et tirez-en des leçons. La prospérité n'arrive pas par hasard ; elle naît d'actions constantes et réfléchies. Les ouvrages sur la réussite abondent, mais tous les accomplis partagent une discipline — ils persévèrent quotidiennement, quelles que soient les conditions.

ASSEMBLER VOTRE ÉQUIPE : SÉLECTIONNER VOTRE ESCOUADE

Tout est dans l'art de bien s'entourer pour avancer : c'est choisir les bonnes personnes — conseillers, alliés, guides — qui vont vraiment croire en vos ambitions financières et vous aider à les défendre. C'est comme consulter un météorologue avant une mission ou un médecin si vous êtes blessé : pour organiser vos finances, il faut faire appel à un expert. On ne confierait pas son équipement ou le plan d'une opération à la légère ; alors, pourquoi notre avenir économique mériterait-il moins d'attention et de soin ?

Un bon conseiller financier, c'est comme un vétéran expérimenté : il connaît chaque repli du terrain économique, détient les cartes cruciales et dispose de l'équipement pour vous mener au but. Travailler avec lui, c'est commander une unité spécialisée. Votre rôle ? Être le chef de mission, concentré sur votre vocation et vos rêves, pendant qu'il gère l'appui et la logistique de vos finances. Mais, comme sur le terrain, vous devez absolument connaître le plan et ses coûts avant de vous engager. Un conseiller dont les honoraires manquent de transparence est aussi risqué qu'une zone d'atterrissage sans plan d'évacuation : une négligence qui peut tout faire échouer. Voici ce qu'il faut surveiller concernant les frais, car chaque mission a son coût :

- **Taux horaire** — comme votre temps sur le terrain, celui de votre conseiller a de la valeur. Connaissez son taux horaire s'il facture de cette façon.
- **Commissions** — c'est l'« officier commissionné » des frais. Comprend-s'il est rémunéré sur les transactions et assurez-vous qu'il n'en pousse pas des inutiles.
- **Frais de transaction** — c'est comme le coût des munitions. Chaque transaction a un prix. Sachez ce que vous payez par opération.
- **Frais forfaitaire initial** — certains conseillers facturent une somme globale, comme pour préparer un long déploiement. Confirmez ce qui est inclus et s'il y a des coûts cachés.
- **Frais de mandat annuels** — voyez cela comme des frais d'entretien pour garder votre plan financier opérationnel. Soyez clair sur les coûts récurrents.
- **Frais cachés** — c'est comme manquer de rations en pleine mission : inattendu et frustrant. Scrutez les petits caractères pour éviter les mauvaises surprises.

Ne vous engagez pas sans comprendre tous les coûts. Examinez attentivement la structure des frais, posez des questions, exigez de la clarté. Votre avenir financier est trop important pour être laissé au hasard. Choisissez bien votre conseiller, maintenez vos finances aussi affûtées qu'une lame, et faites toujours confiance à cette petite voix en vous. Après tout, personne ne connaît les détails intimes de votre mission mieux que vous.

Ce Qu'il Faut Rechercher Dans Votre Partenariat

Tout plan financier qui tient la route démarre par une question fondamentale : quelle est votre mission ? Quel but poursuivez-vous avec votre argent ? Un bon conseiller ne se contente pas juste de chiffres. Il cherche d'abord à comprendre vos valeurs, votre appétit pour le risque et le futur que vous imaginez. Visez-vous une retraite paisible, une indépendance financière accélérée ou des investissements audacieux ? Vous créerez ensemble une stratégie parfaitement alignée sur votre parcours unique, pour transformer vos objectifs en réalité. On ne lance pas une mission sans but clair — votre conseiller non plus.

Évaluation de la Situation Financière

Une fois que votre conseiller comprend vos objectifs, il procédera à une évaluation approfondie de votre situation financière actuelle. Voici ce qu'il devra examiner :

- **Actifs et passifs** — quel est l'état de votre équipement ? Cela inclut vos économies, vos investissements, vos propriétés et vos dettes. Connaître les deux côtés de l'équation est essentiel pour construire un plan fiable.
- **Sources de revenus** — d'où vient l'argent ? Qu'il s'agisse de votre solde militaire, d'emplois secondaires ou d'investissements, comprendre vos flux de revenus permet de déterminer combien vous pouvez allouer à vos objectifs.
- **Dépenses vs. épargne** — vivez-vous sobrement ou vous accordez-vous des extras ? Votre conseiller analysera vos habitudes de dépenses pour identifier les points à améliorer, comme réduire les frais inutiles et augmenter l'épargne.
- **Circonstances particulières** — chaque mission a ses défis uniques. Avez-vous des personnes à charge, des besoins de santé ou d'autres considérations financières ?

Ces données permettent à votre conseiller de cartographier votre paysage financier et de créer un pont entre votre situation actuelle et vos ambitions.

Élaboration d'Un Plan Personnalisé

Un bon plan financier s'apparente à un plan de mission. Il détaille les étapes vers vos objectifs. Votre conseiller abordera ces questions essentielles :

- **Quel montant mettre de côté ?** Ce sont vos réserves stratégiques, votre ravitaillement pour les objectifs à long terme.
- **Quels véhicules d'investissement utiliser ?** CELI, REER, etc. Votre conseiller analysera avec vous l'artillerie fiscale et les véhicules de croissance optimaux pour votre situation.

- **Comment répartir vos actifs ?** Actions, obligations ou un portefeuille mixte ? Cette tactique d'engagement doit correspondre à votre profil de risque et à l'objectif de la mission.
- **Quelles sont les protections (assurances) essentielles ?** On ne part pas en opération sans équipement de protection individuelle adapté aux menaces identifiées.
- **Quand pourrez-vous atteindre l'indépendance financière (retraite) ?** Votre conseiller vous aidera à établir un calendrier de marche réaliste vers ce statut.
- **Quel est votre budget de manœuvre mensuel ?** Pour éviter l'épuisement de vos ressources.
- **Quand déclencher la demande de prestations comme la Sécurité de la Vieillesse ?** Le moment choisi pour cette demande influe directement sur son rendement maximal.

Architecture du Portefeuille

Considérez votre portefeuille d'investissement comme votre trousse à outils tactique. Il doit être à la fois complet et bien réparti. Votre conseiller vous aidera à construire un mélange d'actifs (actions, obligations, l'immobilier, etc.) conçu pour limiter la vulnérabilité tout en renforçant le potentiel de gain. Il vous orientera aussi vers les comptes les plus adaptés, pour une efficacité fiscale optimale et des frais contenus. C'est comme sélectionner votre camp de base : une position fortifiée, efficiente et prête pour l'action.

Retrait Stratégique

Toute mission exige un plan d'extraction efficace : il en ira de même pour vos retraits de capitaux. Votre conseiller calculera le montant que vous pourrez prélever annuellement sans compromettre l'avenir de votre épargne. Il vous aidera à planifier l'ordre dans lequel puiser dans vos différents comptes, afin de minimiser l'impact fiscal et d'éviter toute sanction. L'objectif sera de conserver l'intégrité de votre puissance financière, sans mauvaise surprise — pour des opérations en douceur et sans imprévu.

Engagement Continu

Un véritable conseiller financier n'est pas un simple planificateur — il devient votre commandant de mission attitré. Il rééquilibre régulièrement votre portefeuille pour le maintenir aligné sur vos objectifs. Ce processus équivaut à ajuster votre stratégie en temps réel, optimisant les gains et réduisant les coûts. Grâce à cette supervision constante, vous pouvez vous consacrer pleinement à votre carrière et à votre vie personnelle, l'esprit tranquille quant à votre avenir financier. Et qui sait ? Il pourrait même devenir votre allié le plus précieux.

Aucun soldat ne remporte une guerre seul. Entourez-vous d'experts dévoués. Considérez les services financiers (SISIP) militaires comme votre soutien logistique, les institutions bancaires comme votre appui feu — utilisez ces ressources. La préparation financière peut devenir un sport d'équipe.

Comme une mission bien exécutée ne laisse rien au hasard, un plan financier garantit un avenir sécurisé. Avec le bon conseiller, des objectifs clairs et une stratégie disciplinée, vous atteindrez la retraite méritée. Faites confiance à votre équipe, gardez l'élan et menez votre mission financière avec assurance.

Avez-Vous Besoin D'un Expert ?

Tout dépend de vos objectifs et de ce que vous êtes prêt à investir. Si le temps vous manque mais que votre budget le permet, faire appel à un conseiller est un choix tout à fait sensé. Il vous guidera à travers les hauts et les bas du marché, un peu comme un coéquipier expérimenté qui veille sur vous pendant l'ascension.

Mais ne prenez pas cette décision à la légère. Prenez le temps de bien choisir votre conseiller. Les frais sont un point essentiel à examiner : par exemple, des frais annuels de 1 % sur un placement de 500,000 $, ce sont 5,000 $ par an. Sur le long terme, ça représente une somme très importante qui aurait pu continuer à fructifier pour vous.

Pensez-y comme à un abonnement premium : vous acceptez de payer un certain prix pour un service qui doit vous apporter en retour une vraie tranquillité d'esprit et de meilleurs résultats. Assurez-vous que ce que vous recevez (conseils, suivi, performance) justifie bien le coût. Ne vous laissez pas séduire par un beau discours ou des diplômes accrochés au mur. Vérifiez la valeur réelle qu'on vous apporte.

Ne vous fiez jamais à une simple apparence de compétence. Comme avant de partir sur le terrain, faites vos propres repérages. Allez à la rencontre de plusieurs conseillers et choisissez celui dont la vision et la manière de faire résonnent vraiment avec vos buts. Votre avenir financier mérite des réponses claires, transparentes et qui répondent à vos questions les plus importantes.

Soyez particulièrement vigilant face aux conflits d'intérêts. Certains « conseillers » sont en réalité motivés par des commissions sur les produits qu'ils vendent, et non par l'optimisation de votre patrimoine. Méfiez-vous du représentant qui ne propose qu'une seule solution, quels que soient vos besoins. Si une recommandation vous semble obscure ou inadaptée, exigez des explications. C'est votre capital à vous, alors exigez une transparence absolue.

Enfin, ne basez pas votre stratégie sur une seule source. Tout bon commandant croise ses renseignements. Un conseiller constamment injoignable ou qui noie le sens sous un jargon incompréhensible n'est pas un allié fiable. Vous devez trouver un véritable partenaire qui s'engage à vos côtés pour la durée de votre mission financière, et non un simple prestataire de transactions.

Pour conclure, faire appel à un conseiller professionnel est souvent un choix judicieux, notamment lorsque l'on se lance. Cependant, souvenez-vous de ce principe immuable : vous restez, et devez rester, le commandant en chef de vos finances. Informez-vous sans relâche, questionnez chaque proposition et assurez-vous que chaque décision sert votre plan global. À l'image d'un déploiement tactique, n'engagez jamais vos ressources sans une parfaite visibilité sur le terrain.

Mon Opinion Personnelle Sur Les Conseillers

Personnellement, je me méfie des frais annuels élevés qui sont perçus quoi qu'il arrive, que vos investissements aillent bien ou non. C'est un peu comme payer pour un abonnement à un équipement qu'on n'utilise jamais. Dans ce cas, je préfère de loin investir cet argent moi-même ! En plus, j'aime vraiment être aux commandes : plonger dans l'analyse des secteurs, choisir mes propres placements, et ajuster la trajectoire de mon portefeuille. Mais c'est là mon approche personnelle.

Je ne dis pas que l'expertise extérieure est inutile, loin de là. Mais je vous encourage à vraiment prendre les rênes de votre destin financier. Plus vous comprendrez comment tout cela fonctionne, plus vos décisions seront en phase avec vos objectifs profonds. Si les marchés vous passionnent et vous intriguent, il y a de fortes chances que vous ayez déjà en vous ce qu'il faut pour piloter votre propre stratégie.

Gardez à l'esprit que les conseillers et les grandes banques visent souvent le public le plus large ; une tactique qui réussit à votre voisin pourrait très bien ne pas vous convenir du tout. C'est pour cela qu'il faut toujours chercher à comprendre le « pourquoi » derrière chaque suggestion qu'on vous fait. Si quelque chose vous semble obscur, insistez pour avoir une explication en mots simples — c'est la moindre des choses. Avant même de penser à faire appel à un professionnel, le meilleur point de départ est de bâtir vous-mêmes vos propres bases financières. Plus vos connaissances seront affûtées, plus vos décisions auront de l'assurance. Cette compréhension est un véritable super-pouvoir, et votre allié le plus précieux. Alors, restez curieux, posez des questions sans relâche, et ne donnez votre accord final que lorsque le plan vous parle vraiment et vous semble solide. Après tout, c'est votre argent, et votre avenir, qui sont sur la table.

TRANSMISSION CLAIRE : MAINTENIR LA LIAISON

> Sur le champ de bataille de la vie, une communication régulière réduit les mauvaises surprises financières.

Une communication constante est votre meilleur bouclier financier. Dans les Forces, on ne lance pas une mission sans un ordre opérationnel précis ; pour vos finances personnelles, cet ordre doit se faire en famille.

Pourtant, parler d'argent avec ses proches reste souvent le dernier tabou. Trop de Canadiens, et particulièrement dans la famille militaire, évitent ce dialogue crucial, confinant la santé financière au secret. La réalité est sans appel : sans échange ouvert et régulier sur vos objectifs, vos dépenses et vos craintes, vous exposez le camp que vous cherchez à protéger — votre propre foyer — à des risques évitables.

Pour nombre de personnes, notamment dans les cultures aux tabous ancrés, parler de finances est aussi inconfortable que partager une tranchée ennemie. Mon enfance dans la culture asiatique en témoigne. Trois sujets étaient bannis à table : le sexe, la santé et l'argent. Ces thèmes étaient ensevelis sous un lourd brouillard de silence, toute évocation suscitant gêne ou agacement. Ma famille n'ignorait pas leur importance ; culturellement, ces questions restaient privées, souvent associées à la honte ou perçues comme des marques de faiblesse.

En prenant de l'âge, j'ai compris que ce mutisme financier était risqué. Dans l'armée, nous savons qu'une communication claire peut faire la différence entre la vie et la mort. Il en va de même pour les finances familiales. Ce silence est une brèche dans la défense familiale, laissant les urgences financières libres d'attaquer et l'avenir sans plan de campagne. C'est pénétrer en zone hostile sans carte ni stratégie. Inimaginable en mission ; inacceptable dans la vie. Les périls sont identiques : dettes, instabilité, occasions perdues.

Bien sûr, parler d'argent peut créer un vrai malaise au début. On se sent un peu comme lors d'une première présentation avec un Commandant : on cherche ses mots, on hésite, et le sujet peut sembler lourd. Les conversations sur les finances en famille peuvent générer cette même gêne. Mais comme pour tout, c'est en s'y mettant que cela devient plus fluide. Commencez doucement. Partagez simplement vos grands objectifs, ce qui compte le plus pour vous financièrement, et même les défis qui vous inquiètes. Le but n'est pas d'avoir toutes les réponses, mais de préparer vos proches pour ce qui vient. Je sais que ce n'est pas simple, surtout si, dans votre famille, l'argent a toujours été un sujet tabou, entouré de silence. Mais rappelez-vous : la transparence financière n'est pas une faiblesse, c'est une force. Et parfois, comme au combat, les discussions les plus rudes sont celles qui préservent le plus de vies.

Ce principe qui nous tient à cœur, celui de ne laisser personne derrière, trouve aussi tout son sens au cœur de la famille et dans la gestion de votre héritage financier. Bâtir sa richesse, ce n'est pas seulement construire son propre avenir. Il s'agit également de créer des opportunités pour la génération suivante. Qu'il s'agisse d'ouvrir la voie pour les études de vos enfants, de laisser un héritage à votre conjoint, ou de veiller à la sécurité de votre famille, les décisions que vous prenez aujourd'hui auront un impact qui vous survivra.

Je me souviens qu'au départ, j'étais complètement focalisé sur mes objectifs personnels. Mais un jour, en écoutant un officier parler du fonds d'études qu'il avait mis en place pour ses enfants, j'ai réalisé que je devais élargir mon regard. Même si je n'ai pas encore d'enfants, cette prise de conscience a changé ma façon de voir les choses. Désormais, je prépare activement le terrain pour ma future famille, en posant dès maintenant des bases pour offrir un bon départ financier à nos futurs enfants.

C'est une bonne leçon à retenir : bâtir une richesse, c'est une aventure d'équipe. Votre famille est votre premier système de soutien, votre propre unité. Les associer à vos projets financiers, c'est construire bien plus qu'un patrimoine — c'est tisser un héritage de sécurité et de résilience. Comme sur le terrain, on va toujours plus loin quand toute l'équipe avance ensemble.

COMPTE-RENDU APRÈS ACTION

- **Choisissez la bonne équipe financière pour réussir.** Sélectionnez des conseillers dont les valeurs et les objectifs s'alignent sur les vôtres. Choisissez ceux qui se soucient véritablement de votre avenir et qui ont l'expertise pour vous guider vers vos objectifs financiers.

- **Forgez votre état-major financier et maximisez vos appuis.** Recherchez des personnes expérimentées qui sont déjà allées où vous voulez aller. Les gens qui réussissent laissent des traces. Établissez des liens avec eux et apprenez de leur parcours.

- **Parlez d'argent à la maison pour désamorcer les risques.** Le silence crée de la confusion et expose tout le monde. Des conversations ouvertes transforment votre foyer en une équipe soudée. Plus vos proches sont informés, mieux ils seront préparés pour les batailles de la vie.

- **Élevez les autres en partageant votre savoir.** Enseigner à votre famille et à vos pairs la discipline financière est un geste qui construit un héritage. Le vrai commandement construit des ponts pour la communauté, pas seulement en opérations, mais pour la vie.

- **Votre argent, votre mission, à vous d'agir.** Que vous utilisiez un conseiller ou que vous fassiez cavalier seul, l'avenir est entre vos mains. Apprenez, questionnez, restez aux commandes. Chaque décision financière doit être prise avec intention et confiance.

CHAPITRE 8

MISSION ACCOMPLIE
VOTRE RICHESSE, VOTRE RÉUSSITE

LE VRAI CHEMIN vers l'autonomie financière s'établit sur trois piliers : l'éducation, une épargne rigoureuse et des placements judicieux. C'est sur cette base que vous pourrez construire un héritage durable, au-delà de votre pension, à travers des actifs de long terme comme l'immobilier, les actions ou les obligations.

Aucun plan de bataille ne résiste entièrement au premier contact, et aucun plan d'investissement ne doit rester figé. Il faut réévaluer et ajuster sa stratégie en fonction des résultats, comme on le ferait après une opération. C'est cet effort continu qui permet une croissance maîtrisée et, au final, une vraie liberté : celle de choisir votre prochaine mission. Sécuriser l'avenir de votre famille, réaliser un rêve personnel ou lancer votre entreprise ? C'est vous qui décidez, et c'est vous qui passez à l'action.

La mission est accomplie lorsque vous avez créé votre propre version de l'indépendance financière, tracé votre chemin vers la victoire et préparé le terrain pour redonner à la communauté tout en ouvrant la voie à la génération suivante.

Le succès fait partie de la mission. La véritable réussite, c'est de se retourner pour aider les autres. Il s'agit aussi d'éduquer, d'ouvrir des portes, de créer des opportunités et de partager vos expériences. La réussite financière est plus grande que vous, plus qu'un simple compte bancaire. C'est laisser un héritage pour les guerriers de demain.

Au programme dans ce dernier chapitre :

1. Compte-Rendu Après Action : Bilan Financier
2. Chemin Vers la Victoire : Définir l'Indépendance Financière
3. Opérations Philanthropiques : Transmettre l'Héritage en Redonnant
4. Mission Durable : Gardiens de la Prospérité Financière

Prêts à illuminer la voie ?

COMPTE-RENDU APRÈS ACTION : BILAN FINANCIER

Sur le terrain comme en finance, se figer, c'est régresser. C'est pour ça que la règle, c'est Évaluez, Adaptez, Avancez. Pensez à votre portefeuille comme à une opération. Chaque placement, c'est un élément déployé avec un ordre de mission. Le problème, c'est quand on met tous ses effectifs au même endroit. Je pense à un camarade — on en connaît tous un — qui à tout placé sur une seule action, comme une reconnaissance en solitaire sans filet. Au début, ça montait, tout allait bien. Puis le marché a pivoté. Sans diversification, c'est resté coincé en territoire hostile, sans renfort. Une leçon chèrement payée.

Pour votre compte-rendu, révisez d'abord vos objectifs. Vos investissements ont-ils atteint leurs cibles ? Identifiez vos succès — comme un FNB performant — et vos échecs — transactions impulsives et coûteuses. Analysez le fondement de vos décisions : investissement réfléchi ou simple pari ? Ajustez votre mire selon les besoins, comme après un exercice. Rééquilibrez votre portefeuille, réduisez les actifs faibles et renforcez les positions prometteuses.

Évaluation Tactique

Pour analyser votre situation, évaluez votre santé financière actuelle. Examinez ces éléments suivants :

- **Revenus récents** — somme de tous les flux financiers, incluant solde et primes.
- **Répartition des investissements** — diversification de votre portefeuille.
- **Évolution des capitaux et rendements** — où en sont vos investissements ? Croissance ou semblez-vous piétiner dans la bouette ?

Ces données clarifient vos forces et vos faiblesses.

S'Adapter Quand le Terrain Change

L'évaluation terminée, il est temps d'ajuster votre tir. Cette souplesse, si vitale sur le terrain, est tout aussi essentielle avec vos finances. Un placement qui sous-performe ? Gardez votre sang-froid. Est-ce un accrochage passager ou un problème plus profond ? Je pense à un ancien combattant qui, voyant le marché immobilier s'engouffrer, a simplement pivoté : il a redirigé son capital vers des titres à dividendes, passant d'une charge frontale à une position défensive assurant un revenu régulier. C'est là que la diversification devient votre multiplicateur de force. On ne mène pas une campagne avec une seule tactique ; ne concentrez pas tout votre capital sur un seul objectif. Répartissez vos ressources — actions, obligations, l'immobilier — pour mieux absorber les chocs. Ensuite, procédez à des revues périodiques pour vérifier l'alignement de votre portefeuille avec vos objectifs et votre tolérance au risque. Si vous constatez un décalage, corrigez votre visée financière. C'est l'art de rester agile.

Planifier Les Opérations Futures

Une fois votre stratégie ajustée, il est temps de définir votre prochaine mission. Toute opération qui réussit commence par un but clair. Fixez-vous des objectifs nouveaux à court, moyen et long terme, exactement comme vous planifieriez un nouveau déploiement. Cette progression crée une trajectoire évidente et entretient votre élan. Un but immédiat, c'est peut-être de constituer votre fonds d'urgence — votre sac à dos financier. Un but lointain, c'est peut-être cette retraite confortable — votre heureuse fin de mission.

Ensuite, traduisez ces visions en actions mesurables. Si acquérir une propriété est votre cible, calculez combien vous devez épargner chaque mois et choisissez les placements qui y mènent. Utilisez une application de budget ou un tableau de bord pour garder le rythme. Et comme en mission, prévoyez les obstacles : intégrez des plans de secours. Les marchés peuvent chuter, un imprévu peut surgir — votre stratégie doit avoir une marge de sécurité. En passant régulièrement vos finances en revue, vous restez en « condition opérationnelle » et vous éloignez le risque d'un vrai déséquilibre. Le but, ici, n'est pas la perfection. C'est de progresser, pas à pas, sans jamais s'arrêter.

Maintenez un État-Major Financier en Bonne Santé

J'ai croisé des militaires aux prises avec des difficultés financières après 20 à 25 ans de service. Malgré leur longue carrière, certains peinent à couvrir leurs besoins essentiels et n'ont jamais pu accumuler de richesse. Leurs dettes dépassent leurs revenus, tandis qu'ils accumulent des biens — meubles, électronique, garde-robes — qui finissent par drainer leurs ressources. Parfois, un événement comme un divorce difficile a tout précipité. Vous connaissez peut-être une personne dont les finances se sont effondrées après un bouleversement majeur. C'est pourquoi vous devez garder le contrôle de vos finances, comme vous entretenez votre équipement. L'avenir est imprévisible. Réservez une part de vos revenus pour les urgences et les objectifs à long terme. En cas de crise, ce fonds paiera les factures, l'essentiel ou l'imprévu.

Si la gestion de votre argent vous dépasse, sollicitez de l'aide. Consultez un planificateur financier ou un comptable pour restaurer l'ordre dans vos finances.

CHEMIN VERS LA VICTOIRE : DÉFINIR L'INDÉPENDANCE FINANCIÈRE

Notre devise reste : « La mission avant tout, nos camarades toujours ». Mais lorsque votre service actif prend fin, l'objectif personnel évolue. La cible ultime n'est plus seulement la stabilité, mais la liberté économique — cet état où vos choix ne sont plus dictés par l'argent, mais où un système financier résilient prend le relais et travaille pour vous.

Comment se bâtit cette indépendance après vingt-cinq ans de service ? Elle s'enracine dans une formation financière continue et dans l'accumulation progressive d'actifs judicieux. Ces actions régulières créent des revenus autonomes, au-delà du salaire ou de la pension. L'armée vous a enseigné la prise de décision stratégique ; appliquez cette même rigueur à l'édification de votre prospérité. La clé ? Un investissement constant sur le long terme, démultiplié par la puissance des intérêts composés.

Atteindre cette liberté ressemble à une opération réussie. Cela exige une planification précise, une discipline inflexible et du temps. La victoire n'est pas immédiate, mais avec une exécution soutenue et les bonnes tactiques, vous sécurisez votre avenir. Fixez vos objectifs, mettez en œuvre votre plan et adaptez-vous aux circonstances.

Votre parcours vous y a préparé. Au fil des années, vous avez épargné, investi dans des actions, des obligations ou l'immobilier. Vous avez géré vos déploiements et vos responsabilités familiales avec la même abnégation. Cette assise financière, patiemment constituée, vous offre désormais le choix de votre prochaine étape : un portefeuille immobilier générant des revenus passifs, des investissements qui financent une nouvelle entreprise ou des voyages sans contrainte. Pour les familles militaires, cette liberté assure aussi l'avenir des enfants, leur offrant les ressources pour étudier, entreprendre ou s'établir sans le fardeau de la dette.

Vivre cette liberté, c'est enfin jouir des fruits de votre labeur. C'est se réveiller en sachant que votre capital travaille pour vous. C'est avoir la confiance de privilégier ce qui compte : du temps en famille, des projets porteurs de sens, la simple jouissance d'une vie maîtrisée.

Vous avez honoré votre devoir. Vous avez monté en grade, planifié et investi avec sagesse. Aujourd'hui, il est temps que votre argent vous serve. Le choix final vous appartient : voyagez, savourez, réalisez vos rêves — libéré du poids financier. La mission est accomplie. Place maintenant à votre souveraineté.

Mission accomplie ! Il est temps de savourer ce succès — cette conquête est la vôtre. Vous avez construit une base inébranlable ; à présent, écrivez les règles de votre vie. Découvrez, offrez-vous l'exceptionnel, respirez une quiétude gagnée. Quelle aventure appellerez-vous ensuite ? Peu importe son nom, vous êtes maintenant équipé. Préparé, exécuté, maintenant récompensé. Allez de l'avant, et faites que chaque pas compte.

OPÉRATIONS PHILANTHROPIQUES : TRANSMETTRE L'HÉRITAGE EN REDONNANT

Une fois l'indépendance financière acquise, élevez votre horizon. L'engagement militaire transcende la personne ; votre réussite économique devient alors une plateforme pour léguer cet acquis. En tant que cadre des FAC, votre responsabilité est de rendre accessible le savoir forgé durant votre carrière. Aider les autres à gagner leur autonomie financière les élève et renforce notre communauté. Montrez l'exemple, comme en opération : enseignez aux jeunes la discipline financière, la planification stratégique et fonder sa richesse en uniforme.

La philanthropie va au-delà du don monétaire. Elle engage temps, ressources et savoir pour un impact réel et des changements durables. Que vous choisissiez le mentorat, la création d'opportunités ou le soutien à des causes qui vous sont chères, vos actes créent des ondes qui se propagent bien au-delà de vous. C'est un cycle d'autonomie qui vous survivra.

Pour moi, redonner, c'est partager ce que j'ai appris, parfois à mes dépens. Ce livre est mon outil pour vous transmettre un plan d'action. Des tactiques que vous pouvez mettre en œuvre dès maintenant. Dans les FAC, nous préparons la relève. L'émancipation financière suit le même principe. En formant les futurs gradés, nous bâtissons un avenir de service et assurons une prospérité durable. Ne perdez pas cet élan.

Sous l'uniforme, on ne laisse jamais un camarade. Il en va de même pour votre famille. Bâtir sa richesse ne sert pas que votre confort ; c'est ouvrir des portes à la génération suivante. Financer des études, léguer un héritage, tisser une sécurité financière. Vos gestes d'aujourd'hui laisseront une empreinte qui voyagera à travers les générations.

Prêt à transmettre le flambeau ?

> Les grands meneurs ne sont pas
> ceux qui ont le plus de disciples,
> mais ceux qui créent le plus de meneurs.
>
> **PATRICK BET-DAVID**
> *Valuetainment*

MISSION DURABLE : GARDIENS DE LA PROSPÉRITÉ FINANCIÈRE

Pour la plupart d'entre nous, il ne s'agit pas de gloire, mais de mission. Une mission qui ne s'arrête jamais. À peine une opération terminée, la suivante est déjà en préparation. Il en va de même pour vos finances. Atteindre le succès financier n'est qu'un début. Le véritable enjeu qui suit consiste à préserver cet acquis, à l'élargir, à le défendre et à garantir que les générations à venir puissent s'appuyer sur vos fondations.

La richesse générationnelle n'est pas seulement de l'argent. C'est la sagesse, la discipline et les compétences que l'on transmet pour la protéger et la faire croître. Elle prépare vos enfants à recevoir et gérer votre héritage en toute sérénité — qu'il s'agisse d'investissements, d'éducation ou d'entrepreneuriat — pour construire leur propre victoire. C'est l'essence d'un legs véritable : un tremplin qui les portera bien au-delà de vos rêves.

La majorité des membres des FAC n'auront ni statue sur une place publique ni page qui leur est consacrée dans les livres d'histoire. Mais nous bâtissons quelque chose de plus tangible et de plus puissant. Plus éloquent qu'un titre, plus significatif qu'un ruban — un héritage unique et vivant.

C'est l'enfant qui peut étudier la médecine grâce au fonds que vous avez constitué. C'est le jeune entrepreneur, votre neveu, qui lance son entreprise avec le capital de départ que vous avez épargné. C'est le chalet de famille où vos petits-enfants créeront leurs souvenirs d'été, un bien que vos choix ont rendu possible. C'est la sérénité dans le regard de votre conjoint, qui sait que l'avenir est sécurisé.

Cet héritage est précisément ce qui leur ouvre des opportunités inédites : une éducation sans compromis, le capital pour concrétiser une vision, ou la liberté fondamentale de vivre libéré du poids financier. Bâtir une richesse générationnelle, c'est permettre à votre famille de s'épanouir sans l'ombre de la crainte. Car notre mission ne s'achève pas à la retraite ; elle ne prend fin que lorsque leur avenir est scellé. Votre véritable legs, votre victoire ultime, est d'armer vos proches pour qu'ils remportent, à leur tour, leurs propres batailles.

Le vrai succès financier ne se mesure pas seulement à ce que nous bâtissons, mais à ce que nous léguons.

COMPTE-RENDU APRÈS ACTION

- **L'indépendance financière, c'est la liberté de choisir sa vie.** Elle se construit par l'éducation, une épargne disciplinée et des investissements judicieux et constants. Un plan bien structuré vous donne la liberté de choisir votre prochaine étape, selon vos propres termes.
- **L'analyse post-opération est le moteur de votre progression.** Évaluez vos revenus, vos investissements et leurs rendements. Identifiez ce qui a fonctionné, ce qui a échoué, et en comprenez les causes. Face à un échec, adaptez votre approche et corrigez la trajectoire. Rééquilibrez votre portefeuille, diversifiez et assurez-vous que votre stratégie reste alignée sur vos objectifs.
- **La vraie richesse s'accompagne d'une responsabilité.** Partagez votre savoir, guidez les autres, incarnez l'exemple, et créer les conditions permettant à votre entourage de prospérer à son tour.
- **La réussite véritable se mesure à l'impact de votre contribution.** Votre générosité, qu'elle soit en connaissances ou sous toute autre forme, crée du changement, renforce la communauté et garantit que votre contribution élève les autres.
- **La richesse ultime est celle qui traverse les générations.** Il ne s'agit pas seulement de capital, mais de l'héritage de valeurs, de savoir-faire et de résilience que vous transmettez aux autres. La mission n'est pas terminée tant qu'ils ne sont pas prêts à prendre le relais.

CONCLUSION
MOT DE LA FIN

J'ESPÈRE QUE LES récits, leçons et expériences partagés dans ce livre ont éveillé en vous une nouvelle conscience financière. Qu'ils vous incitent à reconsidérer votre gestion d'argent, votre épargne, vos dépenses et, surtout, votre manière d'investir pour l'avenir. Mon objectif, en partageant mon parcours, était de vous préparer aux batailles financières de la vie. Voyez cet ouvrage comme votre guide tactique vers des résultats concrets et une prospérité durable.

Enfant d'immigrants, j'ai très tôt appris la valeur du recommencement. Mes parents ont tout quitté pour le Canada alors que je n'avais à peine un an. Sans capital, sans réseau, sans filet de sécurité — seulement une détermination à bâtir une vie meilleure. Comme être parachuté en zone inconnue sans carte ni soutien. Mais par le travail, la discipline et la résilience, nous avons érigé des fondations ancrées dans le béton.

Mes parents répétaient souvent : « Pour bien vivre, étudie et économise ». Ces conseils vous semblent familiers ? Pour beaucoup, c'est la voix entendue depuis toujours : Travaille dur, dépense peu, épargne plus. Sage conseil, mais incomplet.

Dans l'armée, vous le savez bien, la compétence et l'obéissance ne suffisent pas. Il faut une stratégie claire, la capacité de s'adapter et une vision à long terme pour avancer malgré l'imprévisible. En finances, c'est pareil : le travail acharné, seul, ne garantit pas le succès. Il vous faut un plan, de la rigueur et les bons outils.

Que ces conseils vous guident vers la création d'une richesse que vous méritez pleinement, avec assurance et détermination. *Votre mission vers la réussite financière commence maintenant !*

Retournez à vos postes. Rom...pez !

REMERCIEMENTS

AU FAC, MERCI d'avoir forgé les chapitres qui ont façonné et donné un sens à ma vie. Depuis les exercices éprouvants au chaos des déploiements, cette institution m'a offert une famille et une vocation. La ténacité acquise sur le terrain, la confiance bâtie dans les baraques et la fierté de l'uniforme m'ont façonné. Ce livre n'est pas qu'un recueil de mots, c'est un hommage à chaque figure inspirante et militaire du rang qui m'ont poussé à me dépasser, et à chaque soldat qui m'a rappelé l'essence du service. Je salue l'institution qui a fait de moi l'homme que je suis.

Aux Chefs, Adjudants et Officiers intransigeants sur l'excellence, votre exemple m'a marqué. Vous m'avez appris à commander quand les plans s'effondrent. Du mentorat d'un jeune soldat à la confiance de commander une section, vous avez montré que l'art de guider réside dans la capacité à élever les autres. Les revues de missions de minuit et les discussions durant les marches resteront gravées en moi.

Aux soldats et amis rencontrés en chemin, merci pour votre camaraderie, votre sagesse et vos encouragements constants. Votre résilience, votre humour et notre soif commune d'excellence ont porté ce projet. Un merci spécial à mon cercle intime, votre patience lors des remue-méninges, vos retours francs et votre foi ont transformé une vision en réalité.

À mon alliée suprême, Christine, la femme la plus extraordinaire que j'aie eu la chance de rencontrer. Tu as mérité chaque écusson d'Épouse de Militaire. Tu as tenu la forteresse pendant mes absences, cours, exercices et mission, me soutenant dans cette folie. Épouser un soldat exige du courage, mais tu as fait de chaque affectation une aventure pleine de beauté et de souvenirs inoubliables. Ce livre est ma gratitude pour chaque boite pas déballée, chaque réadaptation difficile, chaque rappel du sens de cette vie. Je t'aime depuis toutes les bases opérationnelles avancées jusqu'au retour, même en pleine marche forcée.

CHAPITRE RÉCAPITULATIF

Chapitre 1 Compte-Rendu Après Action

- **La littératie financière commande la mission.** Tout comme la préparation tactique, comprendre le budget, l'épargne et l'investissement est essentiel pour réussir à long terme. Sans connaissances financières, même les hauts revenus peuvent avoir du mal à bâtir de la richesse.
- **Votre état d'esprit est votre arme la plus puissante.** La discipline financière, la concentration et la responsabilité distinguent les militaires prospères de ceux qui se contentent de survivre. Traitez la construction de richesse comme un exercice de routine — régulier, inconfortable, mais payant.
- **Chaque membre des FAC a un potentiel de millionnaire.** Avec la pension des FAC comme fondation durable et une planification stratégique intelligente, même les revenus moyens peuvent prendre une retraite confortable et prospère avec les bonnes habitudes.
- **Fixez vos objectifs financiers avec une stratégie de niveau militaire.** Définissez votre mission financière, divisez-la en objectifs OPERA (Organisés, Pratiques, Efficaces, Résultats orientés, Assumés), et priorisez-les selon l'urgence et l'impact.

- **Commencez là où vous êtes — et commencez maintenant.** Que vous soyez nouveau dans les FAC ou à mi-carrière, le pas le plus important est de commencer. La préparation financière n'est pas négociable ; plus tôt vous agissez, meilleurs seront vos résultats à long terme.

Chapitre 2 Compte-Rendu Après Action

- **Diversifiez vos sources de revenus pour stimuler la création de richesse.** Le Roue de la Richesse améliore votre flux de trésorerie en explorant différentes sources de revenus ou des opportunités de montée en compétences pour viser des postes mieux rémunérés, dans les FAC ou ailleurs.
- **Fixer des objectifs, épargner et suivre les progrès sont essentiels.** Définissez vos objectifs financiers avec précision, épargnez autant que possible, créez un budget détaillé et investissez judicieusement ces économies. Cette approche est clé pour bâtir et faire croître votre richesse.
- **Créez une forteresse financière avant qu'il ne devienne critique.** Commencez par un fonds d'urgence modeste et augmentez-le progressivement pour couvrir une plus grande partie de vos dépenses sur une période prolongée. Automatisez vos économies pour des résultats efficaces.
- **Dépensez avec intention pour éviter les reculs financiers.** Surveillez chaque dollar, réduisez les dépenses discrétionnaires, et évitez l'inflation du style de vie. Éliminez le superflu, priorisez ce qui a vraiment de la valeur et supprimez les distractions financières.
- **Affrontez vos dettes agressivement avant qu'elles ne s'accumulent.** Concentrez-vous sur l'élimination des dettes : listez vos dettes, priorisez celles à taux d'intérêt élevé, et essayez la méthode boule de neige ou avalanche.

Chapitre 3 Compte-Rendu Après Action

- **Se former aux opportunités d'investissement vous aidera à prendre des décisions éclairées.** Explorez les actions pour la croissance, les obligations pour la stabilité, ou l'immobilier pour des gains à long terme, chacun présentant différents niveaux de risque, de rendement et d'accessibilité.

- **Comprendre vos limites financières est essentiel pour bâtir une base solide.** Choisissez un investissement qui correspond à votre profil financier unique, que vous soyez prudent ou agressif. Sélectionnez soigneusement les actifs qui s'alignent avec votre horizon temporel et vos objectifs.

- **Restez attentif aux conditions du marché pour prendre des décisions plus avisées.** Surveillez les tendances, les changements économiques, les événements mondiaux et locaux qui influencent vos investissements. Cela vous permettra d'adapter vos stratégies de manière proactive selon les besoins.

Chapitre 4 Compte-Rendu Après Action

- **Ouvrez le bon compte d'investissement pour soutenir une croissance efficace.** Que vous choisissiez un CELI, un REER, un CELIAPP ou un compte d'investissement non enregistré, cette étape fondamentale garantit que vos ressources sont allouées stratégiquement, jetant les bases d'une gestion efficace de votre patrimoine.

- **Allouez vos actifs pour une croissance maximale.** Distribuez stratégiquement vos fonds entre différents actifs (actions, obligations, FNB, l'immobilier, etc.), en fonction de vos objectifs, de votre tolérance au risque et de votre horizon temporel. Cela garantit la diversification et optimise la croissance.

- **Contrez efficacement les conditions du marché.** En établissant un calendrier clair avec des objectifs d'investissement précis, qu'ils soient à court ou long terme, vous pourrez guider vos décisions, suivre vos progrès et ajuster votre stratégie à mesure que le marché évolue.

- **Effectuez des revues régulières pour des performances optimales.** Évaluez constamment vos investissements et la performance globale de votre portefeuille. Cela vous permettra de rester sur la bonne voie, de vous adapter aux fluctuations du marché et d'ajuster pour maximiser les rendements.

Chapitre 5 Compte-Rendu Après Action

- **Surmonter la peur personnelle est indispensable pour prendre des décisions financières.** L'anxiété, souvent causée par l'incertitude, les erreurs passées ou le manque de connaissances, peut vous paralyser.

- **Ne laissez pas vos émotions gérer votre argent.** Une décision impulsive peut facilement faire dérailler vos finances. Éliminer la dette nécessite des changements de comportement et des stratégies qui réduisent les dépenses nocives et encouragent des habitudes financières plus saines.

- **Les coûts cachés et les habitudes coûteuses peuvent consommer vos ressources inutilement.** Redirigez vos fonds vers la construction de richesse en identifiant les fuites financières qui épuisent silencieusement votre compte bancaire. Réduire ces dépenses non essentielles libère de l'argent pour atteindre vos objectifs financiers.

- **S'engager dans le développement de compétences garantit l'accumulation de richesse à long terme.** La croissance financière passe par l'apprentissage continu, et chercher un mentorat ou des ressources améliore la prise de décision.

- **Éviter les erreurs financières courantes.** Se concentrer sur des dépenses triviales qui n'apportent aucune valeur vous distrait des priorités de construction de richesse. Ne pas constituer un entourage efficace, retarder votre parcours d'investissement ou jouer votre argent limite vos opportunités de croissance.

Chapitre 6 Compte-Rendu Après Action

- **La stabilité financière après le service commence par une planification claire de la retraite.** Identifiez vos objectifs personnels, alignez-les avec votre pension et vos autres sources de revenus, et appliquez des pratiques de gestion proactive de la richesse pour assurer une sécurité financière durable.

- **Comprenez les ressources disponibles à la retraite pour faire face aux imprévus.** Préparez-vous aux incertitudes de la vie avec des options de secours, comme votre fonds de pension, vos REER, vos investissements et les prestations sociales, afin de créer un coussin fiable pour gérer efficacement les crises financières.

- **Assurez la sécurité de votre retraite dans les FAC grâce à la préparation.** Évaluez vos économies de retraite, y compris les pensions des FAC et vos contributions aux REER, pour confirmer votre préparation. Des contributions régulières pendant le service, combinées à l'utilisation des avantages fiscaux, permettront de faire croître votre fonds de retraite et de garantir la stabilité financière après le service.

Chapitre 7 Compte-Rendu Après Action

- **Choisissez la bonne équipe financière pour réussir.** Sélectionnez des conseillers dont les valeurs et objectifs correspondent aux vôtres. Choisissez ceux qui se soucient vraiment de votre avenir et possèdent l'expertise nécessaire pour vous guider vers vos objectifs financiers.

- **Construisez votre entourage financier et optimisez votre soutien.** Cherchez des personnes expérimentées qui ont déjà parcouru le chemin que vous voulez emprunter. Les personnes qui réussissent laissent une trace. Connectez-vous avec elles et apprenez de leur parcours.

- **Maintenez une communication claire à la maison pour réduire la vulnérabilité.** Le silence financier au sein de la famille crée de la confusion et laisse tout le monde exposé. Des conversations ouvertes sur l'argent, les objectifs et la planification transforment votre foyer en une unité prête pour la mission. Plus vos proches savent, mieux ils seront préparés aux batailles de la vie.

- **Partagez ce que vous avez appris pour aider les autres à progresser.** Et Enseigner la discipline financière à votre famille et à vos collègues est un véritable geste d'héritage. Partagez vos connaissances, montrez l'exemple et aidez les autres à s'élever. C'est ainsi que les vrais dirigeants construisent des communautés résilientes, en uniforme et au-delà.

- **Votre argent, votre mission, votre décision.** Que vous utilisiez un conseiller ou que vous opérez seul, assumez la responsabilité. Continuez à apprendre, posez des questions et restez impliqué. Vous êtes en commandement, prenant vos décisions financières avec intention et confiance.

Chapitre 8 Compte-Rendu Après Action

- **L'indépendance financière, c'est la liberté de choisir comment vivre et de contrôler votre temps.** Elle se construit grâce à l'éducation, à l'épargne disciplinée et à des investissements intelligents et constants. Grâce à un plan bien établi, vous gagnez la liberté de choisir votre prochaine mission selon vos propres termes.

- **Le bilan de mission est essentiel pour progresser.** Évaluez vos revenus, investissements et rendements. Qu'est-ce qui a fonctionné, qu'est-ce qui n'a pas marché, et pourquoi ? Si quelque chose a sous-performé, pivotez et adaptez-vous. Rééquilibrez votre portefeuille, diversifiez et assurez-vous que votre stratégie correspond toujours à vos objectifs.

- **Être vraiment riche implique des responsabilités.** Transmettez votre savoir, guidez ceux qui vous entourent et inspirez par vos actions. L'art de diriger consiste à ouvrir la voie à la réussite des autres.

- **Le vrai succès inclut le don intentionnel.** Votre générosité, que ce soit par le partage de connaissances ou autre, crée du changement, construit la communauté et élève les autres.

- **La richesse ne se résume pas à l'argent, mais à l'héritage.** Enseignez à la prochaine génération comment préserver et faire croître ce que vous avez bâti. La mission n'est pas terminée tant qu'ils ne sont pas prêts à prendre la tête du combat.

RESOURCES

LES LIENS SUIVANTS sont fournis à titre indicatif :

Bank of Canada. 2025. Monetary Policy Report - January 2025. https://www.bankofcanada.ca/publications/mpr/mpr-2025-01-29/.

Bank of Montreal (BMO). Savings Calculator. https://www.bmo.com/main/personal/bank-accounts/savings-accounts/savings-calculator/.

Canada Revenue Agency. 2025. "Registered Retirement Savings Plan (RRSP)." Government of Canada. https://www.canada.ca/en/revenue-agency/services/tax/individuals/topics/rrsps-related-plans/registered-retirement-savings-plan-rrsp.html.

Coffeestics. Average Cost of a Cup of Coffee in Canada 2025. https://coffeestics.com/countries/canada.

Clason, George S. 1926. The Richest Man in Babylon. Penguin Books.

Finviz Sector Map 2025. https://finviz.com/map.ashx.

Housel, Morgan. 2020. The Psychology of Money: Timeless Lessons on Wealth, Greed, and Happiness. Harriman House.

Intuit Education. 2025. Intuit Education Home: https://education.intuit.com/home.

Kiyosaki, Robert T. 1997. Rich Dad Poor Dad: What the Rich Teach Their Kids About Money That the Poor and Middle Class Do Not!. San Mateo, CA: Plata Publishing.

MarketWatch. 2025. MarketWatch. https://www.marketwatch.com/.

Ontario Veterinary Medical Association (OVMA). 2025. Pet Care. https://www.ovma.org/petcare.

Ramsey, Dave. 2003. The Total Money Makeover: A Proven Plan for Financial Fitness. Thomas Nelson.

S&P Dow Jones Indices LLC. 2025. S&P 500 (SP500). Federal Reserve Bank of St. Louis. https://fred.stlouisfed.org/series/SP500.

Statistics Canada. 2024. "Household Saving Rate, 2021, 2022 and 2023." Government of Canada. https://www150.statcan.gc.ca/n1/daily-quotidien/241107/cg-a002-eng.htm.

Statistics Canada. 2025. Consumer Price Index. https://www.statcan.gc.ca/eng/dai/btd/cpi.

Tim Hortons. 2025. Coffee Menu. https://timhortonsbreakfastmenu.ca/coffee-menu/.

Yahoo Finance Canada. 2025. https://ca.finance.yahoo.com/.

À PROPOS DE L'AUTEUR

JE SUIS NÉ le 9 février 1986 dans un camp de réfugiés dans le nord de la Thaïlande. La même année, ma famille et moi avons entrepris un voyage audacieux à travers les continents pour commencer une nouvelle vie au Canada. Nous faisions partie des premières familles laotiennes à s'installer dans le pays.

J'ai grandi dans la ville vibrante et multiculturelle de Montréal, où le français est devenu ma première langue. C'est là, en étudiant au Collège de Rosemont puis en suivant des cours universitaires de langues à l'UQAM (Université du Québec à Montréal), que j'ai développé une profonde appréciation pour la communication et la culture.

En 2005, poussé par un fort sentiment de mission, j'ai rejoint les Forces armées canadiennes comme artilleur. Après plusieurs années de service, j'ai découvert une nouvelle voie et suis devenu technicien en météorologie en 2012, gradué de l'École de Météorologie des Forces Canadiennes à Winnipeg.

Depuis, j'ai servi avec fierté comme Technicien Météo et prévisionniste dans l'Aviation Royale Canadienne, soutenant des missions au Canada et à travers le monde. Au fil de ma carrière, j'ai affronté les déserts brûlants d'Afrique et les paysages glacés de l'Alaska. Ces expériences m'ont mis à l'épreuve, m'ont façonné et ont renforcé mon engagement envers le service. J'ai eu l'honneur de recevoir des décorations militaires, mais pour moi, il ne s'agit jamais seulement de l'uniforme — c'est avant tout de laisser un impact durable pour ceux qui suivront.

Je suis marié à ma formidable épouse Christine, et ensemble, nous partageons un amour pour le voyage et l'aventure. Nous préparons maintenant l'agrandissement de notre famille dans les prochaines années. Avec vingt ans de service derrière moi, je commence également à envisager la retraite et une deuxième carrière, possiblement dans la finance, où prévoir les marchés pourrait rappeler les compétences que j'ai acquises en prévoyant la météo.

En dehors de ma vie militaire, j'ai une passion tranquille pour les vieux livres, les antiquités et la musique. Je trouve la paix dans l'odeur du papier ancien, l'histoire des objets oubliés, et les touches d'un piano. Mon parcours a été celui du devoir, de la découverte et des rêves — et il est loin d'être terminé.

www.buildingwealthwhileserving.com

www.ingramcontent.com/pod-product-compliance
Lightning Source LLC
LaVergne TN
LVHW060551061026
849523LV00002B/468
* 9 7 8 1 9 9 8 5 2 8 9 3 6 *